なぜ、学んだものをすぐに忘れるのだろう？

「学び」と「忘れ」の法則

The Book of
Learning and Forgetting

フランク・スミス【著】
福田スティーブ利久【監訳】
橋本直実【監訳】
澤部涼子【翻訳】

大学教育出版

序　文

学習において、「努力をする」ということは、非効率的で、学んだことを忘れやすい方法であることがほとんどだと聞くと、驚く人が多い。なぜなら、これまで私たちは、「学習には勤勉さ、高いやる気、集中力などが必要である」と聞かされてきたからである。しかし、「学習においては、どれだけ努力しても確実に成功するとは限らない」ということを聞いたことがある人も少なくないだろう。

本書では、学習に関する二つの視点を比較する。一つは、「オフィシャル」理論と呼ばれる、「学習とは作業をすることである」という観点、そしてもう一つは、「私たち人間は努力をせずとも常に学んでいる」という「クラシック」な観点である。普段気付くことはないが、私たちの意識の奥深くにはこのクラシックな観点が埋め込まれており、それを重んじながら生活しているのである。本書では、人間が生まれた時から無意識に行っている、質が高く、複雑で、長期間持続可能な学習を広い視野から観察する。それと共に、この「努力を要しない学習方法」とは逆の考え方が生まれた理由、歴史、そしてそれが教育制度を支配するに至った経緯を考察していく。

また、本書を執筆するにあたって、多方面にわたる精神生活に関しても調査を行った。具体的には、私たちが幼児、子ども、そして大人としてどのように世界を理解し、学び、考え、さらに自分たちのアイデンティティを獲得し、表現するのかを調査した。さらに、すべての教育水準において生じる損害や不公平さについても詳しく説明した。これに関しては、単にオフィシャル理論における「学びは努力を要する」という側面からだけではなく（この場合、学べないということが怠惰さに起因されているため）、テストや成績、計画された競争主義などを含む、学習と教育がはめ込まれてしまった、煩わしく不必要な外部からの支配という面からも考察した。

このようなオフィシャル理論が普及したという事実は、現場外の特別利益団体による利己心の顕著な現れほど陰謀的なものではない。オフィシャル理論は、心理学の研究結果によって助長されると、その後、無批判に教育界に適応され、教師と生徒が学校で行うことを支配することを好む人びとによって精力的に促進されてきた。そして、たいていの場合、これらは利益を生み出すことが目的であった。この理論は、一〇〇年以上も存在し続け、それは常識、または「こうでなくてはならない」自然な理論として広く受容されるのに十分であった。しかし、この考え方は間違っている。それはまさに、挫折や人生における無駄な努力、無益な行為、そして学校での差別を導き、社会を悩ます最悪の社会的態度を促すほど致命的なものである。

まずは、人間に本来備わっている「目立った努力をせずとも継続的に学ぶ習慣」を見直すことから本書を展開していく。ためにならないものも学んでしまうという危険性はあるが、これはまさに人間の脳が持つ力の祝賀である。そして、オフィシャル理論が発達し、恐ろしいほどの支配権を得た経緯は、あまり楽しいテーマではないので、第二章に取っておこう。

最後に、どうすれば学習のオフィシャル理論が及ぼす破壊的な影響から自分たちや子どもたちを守ることができるかを話題にする。さらに、一〇〇年間にわたる支配の後、最終的に無益な理論が、どのようにしてさまざまなものを総崩れにさせ、積み上げられた個人的・社会的損害にピリオドを打つのかに言及したい。

これまで、認知心理学者として、特に言語・学習・理解をテーマに、人間の脳についての研究を二五年以上行ってきた。その間、何百人もの教師・生徒たちと共に世界各国の数百もの学校で働く機会をいただいたが、そこでの研究結果のすべてを本書に集約した。

これらの研究結果は、教師や教育にかかわるすべての人びと（自己教育も含め）に対して選択肢を提示するものである。一つ目の選択肢は、非能率さ、忘却、挫折、教師と生徒の犠牲者化などを生み出す、人間が無理に作り上げた学習理論に追従し続けること、そしてもう一つの選択肢は、人間の脳が本来持つ力を認め、それを利用することである。

この人間の脳に本来備わる力を利用するのに最良の時期は、今現在であるかもしれない。「これを読めば何か意義深いことが見つかるかもしれない」と重く構え、すべてを覚える覚悟で本書を読むことはやめていただきたい。そうすると、最後まで読み終える前に大部分をすぐに忘れてしまう可能性があると同時に、本書を理解するのが難しくなるからだ。
反対に、リラックスして興味の追求のために本書を読んでいただければ、より楽しく、思っている以上に学ぶことができ、自分に必要な情報だけを自然に吸収し、吸収したことを忘れることもないだろう。

フランク・スミス

一九九八年

なぜ、学んだものをすぐに忘れるのだろう？

——「学び」と「忘れ」の法則——

目次

なぜ、学んだものをすぐに忘れるのだろう？

——「学び」と「忘れ」の法則——

第一章 今、どんな教育が行われているのか

小学一年生であれ、立派な大人とみなされる大学院生であれ、ある生徒がいたとする。数週間にわたる猛勉強の末、その生徒は今後のキャリアを左右する重要なテストを受け、指導者が厳粛な顔つきでその点数を報告する。「またCマイナスだ」。そして、指導者はしばし考えてこう言う。「あまり多くは学んでいないようだね」。

しかし、生徒としては、多くを学んでいないどころか、かなりのことを学んだ。生徒は、指導者の批判的な顔を見て、腹部に気持ち悪さまで感じ、結局この「学び」という経験は実りがなくて過酷なものだと再度結論づけることになる。この生徒はまた少し自信をなくし、今後それを忘れることはないだろう（以後この経験を引きずるであろう）。

このような状況下での学びについて議論する際、両者が二つの異なることについて話している可能性があるのではないだろうか。もしそうであれば、なぜその二つが異なるにもかかわらず、同じ名前で呼ぶのか。学校では注意が払われていない場所で、何か危機的なことが起こっているのではないだろうか。

人びとが、「生徒が学校であまり学んでいない」と文句を言い、生徒や教師の能力や努力の欠如を責める時、どのような「学び」のことをいっているのか。なぜ人びとは、人生において意義深いことであるはずの、生徒が「学んでいること」よりも、生徒が「学ぶことができなかったこと」にばかり目を向けるのか。

ここでは一体何が起こっているのか。なぜ私たちは、多大な努力をしてまで学んだことをこれほど急速に忘れ、忘れたいと思うようなことを苦もなく学ぶことができるのか。この答えは次の章に眠っている。

1. 二つの見解からの物語

これは、すべての人の人生において重要な問題である「学びと忘れ」に関する二つの相反する見解の物語である。

一つ目の価値観を、「クラシックな学びと忘れの価値観」と呼ぶことにする。この考え方は、原型的・世界共通であり、人間に根差しているもので、汚染されていないことから、「クラシック」であるといえる。この考え方はとてもシンプルで、実際に面識のある周りの人びとから学ぶというものである。実際、周りの人びとから学ぶのはごく自然なことで、この場合、学んでいるという認識はなく物事を学ぶ。

私たちは皆、他人が自身や子どもたちに与える影響、そしてこのような方法で学んだことを忘れることは不可能だという事実を暗黙のうちに認識する。特に子どもに関することにおいては、一生この信念の下に行動しているのだ。子どもたちが仲良くしている友達や、最も意気投合する他の子どもたちと似てくることを知っている。

しかしながら、クラシックな価値観を基準とし、人間が目立った努力もせずに達成できる永続的学習量の多さに関する研究が明確に立証されたのは比較的最近である。私たちの個人世界におけるすべての重要な知識や、その世界で生きるために発達させてきたスキルは、クラシックな方法で学んだ直接的な結果である。

人間が上述のような方法で学ぶという事実は、ただの役に立つ知識ではない。不運なことに、私たちは、学ばない方が良いことも学んでしまう。「理解できない事柄が存在する」という事実（そしてこれらはたいてい架空である）や、「自分は学ぶことができない、または無能である」などがその例だ。同時に、特定のことを「学べるタイプの人間ではない」ということを学ぶ能力も持っており、それは人生を通してマイナスになるもの、さらに教育現場においても膨大な困難をもたらすものである。

このクラシックな価値観に代替するものがある。それは極めて著しく、強制的、操作的、差別的、そして何よりも、「間違っている」方法だ。それは、「学びとは作業をすることであり、十分な努力やコントロールが強制されれば、すべてを学ぶことが可能である」という理論である。この理論は、幼稚園から大学における教育制度において最高の権力を獲得し、世間にも広く普及した理論で、今や誰も代替案を考えられないほどである。

これが、本書で「学びと忘れのオフィシャル理論」と呼ばれる考え方で、以下の事項で構成されている。

・最も非効率的、そして忘れることを回避できない方法で、人びとを強制的に学ばせようとする。
・確固たる努力をしない限り学ぶことができず、落第した場合は学習者自身の過失であると思い込ませる。
・生徒が互いに助け合うことができないように分離し、教師の仕事をさらに難しいものにする。
・現場から遠く離れている場所にいて、自分たちが教育現場に及ぼしている悪影響を知ることも修正することもできない権力者により、非効率的な学習プログラムが教師と学習者に強要されている。

・反復的な練習と訓練によって教師と学習者の時間を浪費し、「学びとは、結果が出ず、難しいものだ」という考えを学習者に与える。

・差別的な「テスト」を押しつけ、本当に支援や応援が必要である生徒まで手が届かない。

・教育において最も重要なことは点数と成績であるということを教師、学習者、保護者に対して説得する。

・喜びであるべきはずの「学び」を苦難にし、さほど重要でない「忘れ」を避けられないものとしている。

実際はもっと存在するのだが、ここではこれで十分であろう。「学びとは努力の問題である」というオフィシャル理論は、今や固有のもので、議論の余地すらなく、要は「初心にかえる」という話だという風に広く認識されている。しかし、結局オフィシャル理論は次に述べるもの以外の何ものでもない。比較的最近になって人間によって作り出されたもので、まずは実験室で、次は教室で、というように「支配」という目的のためだけに計画された理論である。

オフィシャル理論の支持者は、（実際に認識することすらないであろうが、仮にそうであれば）

クラシックな価値観を「非科学的」「民族心理学的」「根拠がない」として却下する。もしかすると、「一時的な流行だ」とまでいうかもしれない。しかし、オフィシャル理論とは違い、クラシックな価値観は世界中のあらゆる文化における数千年の経験によって支持されているのだ。

以下に、これら二つの価値観がどのように異なるのかを示している。後の章で明らかになっていく特徴を要約したものにすぎないので、これらの違いを暗記する必要はない。

〈クラシックな観点における学びとは〉	〈オフィシャルの理論における学びとは〉
継続的	断続的
努力を要しない	猛勉強
無意識	意識的
無限	制限されている
自然発生的	意図的
報酬と罰則とは無関係である	報酬と罰則に基づく
自己像に基づく	努力に基づく
他人から学ぶ	個人主義
決して忘れない	簡単に忘れる

テストによって抑制される	テストによって証明される
社会的活動	知能活動
成長	暗記

人から学んでほしいと思われていることや自分のために学びたいと思っていることを学ぶのが苦痛であることは明らかであることから、私が本書を通して何度も述べることを今ここで強調したい。学びとは、猛勉強することではない。学びたいと思っているかどうかにかかわらず、私たちは常に学んでいる。それでも、目的とする学びのために必然的な環境や心構えを持つことは、確かに難しいかもしれない。目的とする学びや、不利益な学びの克服と回避は、場合によっては特定の条件や並外れた忍耐強さ、そして才能を要するものであるかもしれない。そうであっても、私たちは「学びと忘れ」を理解しなければならない。

オフィシャル理論は忘れられるべきものであるが、そう簡単にはいかない。皮肉にも、オフィシャル理論こそが、「学びは意図的に行われるべきである」と主張していたにもかかわらず、私たちがオフィシャル理論を受け入れるようになった過程は意図的ではなかった。もし意図的であれば、私たちは簡単にそれを忘れてしまうはずだ。逆に、クラシックな観点が説明するように、永続的かつ無意識に、周りの人びととの態度や行動を通して、オフィシャル理論を学んできた。

10

オフィシャル理論が大部分の人びとにとって疑う余地のないものになったのは、私たちが育った教育の文化に広く浸透されていたからだ。それは当然のものだと認識されていることがほとんどで、私たちの心から完全に消されることはないだろう。その代わりに、私たちには、クラシックな価値観を持って学ばなければいけないことがある。それは、オフィシャル理論には根拠がなく危険性があること、そして私たちは（心理学研究に反対するものとして）現実世界が正しいと立証してくれている代替の観点（クラシックな観点）に関して確信を得るため、互いに助け合わなければならないということである。

第二章 学びと忘れのクラシックな観点

2. アイデンティティに関する疑問

学びのクラシックな観点は、どんな英語話者でも知っている次の文によって要約される。すなわち"You learn from the company you keep."（仲間［時間を共にする人］から学ぶ）。とはいえ、意識的に周りにいる人たちを手本にしてまねたり、他人を模倣したりすることから学ぶわけではない。単純に、彼らのことを「好きになる」のである。私たちは皆このことを知っていながら生活を営む。現に、私がこれまで出会ったあらゆる言語において、似たようなことわざや格言を見つけた。

私たちは、周りの人びとが自分のアイデンティティに影響することは当然のことだと思っている。だからこそ、この価値観はクラシックだ。すなわち、自分たちや他人が常に行っている継続的な学びについて考えることは滅多にない。これこそが、「永続的な」学びなのである。自分の人生において重要な人びととの交流を通して得た興味・考え方・信念・スキルを忘れることはまれである。

無意識の学び

一生の間に個々人が学ぶすべての知識とスキルの目録を作る方法はない。それを実現するには、すべての記憶をひも解き、箇条書きにしてみるにはあまりに膨大で複雑すぎる内容を書き表す必要がある。私たちの日常生活や、近所の人びと・旅行・メディア等を通して出会う物事の複雑さを考えてみてほしい。私たちの脳は、最低でもこれまで歩んできた世界と同じぐらい複雑でなければならないことになる。しかし、この知識のうちのどれだけが、教室の中で意図的な勉強を通して獲得されたものだろうか。

人間の継続的で自然な学びを立証するには二つの方法がある。一つ目は、簡単な例をいくつか挙げること、二つ目は、いくつかの例を深く考察し、私たちが人生において無意識に達成したすべての学びのうちのいくつかの側面をチェックすることである。ここでは、どちらもやってみることにしよう。

まずは、自分の子どもが仲良くする子どもたちに対して、よく親が心配することに目を向けていただきたい。私たちは、友達が与える膨大な影響を理解している。もし自分たちの子どもにホッケーをやっている友達がいたら、その子どもがホッケーの用具や、ホッケーの試合のチケットをねだり始めても驚かないであろう。もし自分の子どもの友達が数人で駐車場にたむろしていると、心配し始めるかもしれない。自分の息子や娘が通うかもしれない学校を、設備や教師の授業計画を見るというよりも、他の生徒を観察するために訪れるかもしれない。それは、もし自分の子どもがある学校に通うようになれば、自分の子どもも、その学校の他の生徒と同じように見え、話し、振る舞うようになるということを知っているからである。私はこれまで、親が「私の息子がつるんでいる暴力団に関しては心配してない。物覚えが悪い子だから」と言っているのを一度も聞いたことがない。親は、子どもが仲間から学ぶことを認識しており、特に、両親が子どもに学んで欲しくないと思っていることに関しては、仲間から学ぶ可能性が高いということも知っている。さらに親たちは、このような方法で学んだことを拭い去ることは非常に難しいということもわかっているのだ。それはまさに生涯学習なのである。

多くの教師にとって、生徒が常に学んでいると考えるのは恐ろしいものである。何も忘れずに。さらに生徒はそれをどうすることもできない。学ばない方がよいことでさえ学んでしまうのだ。学校での問題は、「生徒が学んでいない」ということではなく、「彼らが何を学ぶのか」である。生徒は、教師が教えることを学んでいないこともあるかもしれないが、逆に教師自身も自分たちが教えたつもりであることを教えることができていないかもしれない。彼らの卒業後の考え方に目を向ければ、実際に生徒が学んだことがわかる。もし彼らが、読み書き、数学、歴史など「学校のこと」が退屈で難しく、人生に無関係で、自分たちは「ばか」だと考えながら卒業すれば、それこそが彼らが学校とその外の世界で学んだことなのだ。「読み書きができない」「数学ができない」ということを学ぶ。自分が誰であるのかを学ぶのだ。もし、自分たちがリーダーまたは天才（または役立たず・ばか）だということを学べば、それに応じて振る舞う。

ここで、私たちが生まれた瞬間から達成する膨大な量の自然な学びについて考えてみよう。まずは、私が「仲間（時間を共にする人）から学ぶ」と復唱し続ける理由について、もう少し具体的に説明することから始めなければならないだろう。

私は、「人はその周りにいるすべての人々から学ぶ」と主張しているわけではない。それは明らかに不合理だ。特に学校という環境においては、多様なことが私たちの周りで起こる可能性があり、今こそ学ぶべきだと他の人が最も心配している時でさえも、何一つ学んでいないこともある。そうではなく、私たちは、自分と「同一視する（自分が仲間だと思う人やグループに）」個人やグループから学ぶと主張しているのだ。

クラブに参加することの利点

本書では、個人に多大な影響を与える人びとが集まるコミュニティを「クラブ」と呼ぶ。これは例えば、参加費を支払いメンバーとなるような格式ばった組織（政治的なクラブ、スポーツクラブ、社会的なクラブなど）であるかもしれない。しかしほとんどは、単に興味の一環としての、またはコミュニティとしての自覚を共有するための非公式なクラブである。これは例えば、教師・親・生徒・読者・庭師・ジョギング仲間・サイクリング仲間など、隠喩的な意味でのクラブで、自分たちを同一視する多種多様なグループのことである。

これらクラブの核となるのは、「アイデンティティを確立する手段」である。もし自分と他のメンバーを同一視することができなければ、クラブに参加することも、メンバーのままでいることもない。もし他のメンバーが自分と同じタイプの人だと感じなければ、不快に感じてしまうのである。実際に、同一視されたくないクラブにおいては、メンバーではないことをわざわざ証明しようとまでする。このような反応は、そのクラブが自分の願望や期待に沿うものではないと決めてしまっているからであるが、「他のメンバーが自分と仲間になりたくなさそうだ」と感じる時にも起こり得る。もし「自分は彼らの中の一人」だと感じなければ、決してそうはなりたくなかったということを示すのである。

所属するクラブのメンバーと自分を同一視すると同時に、自分自身のアイデンティティを確立する。クラブ活動に従事する時には必ず、メンバーは「君は僕らと同じだ」ということを事実上再確認する。同時に、私たちも「僕（私）はあなたたちと同じだ」と承認しているのだ（もしもクラブを拒否したり、除外されたりした場合、「君は私たちとは違う」と言われ、それに「僕（私）はあなたたちとは違うし、そうなりたくもない」と断固として答えるのである）。

こうして私たちのアイデンティティは確立されていく。「自分が誰なのか」を、鏡を見つめることや学問的に存在意義を問うことで見つけるわけではない。公式・非公式を問わず、自分が所属するクラブ、つまり仲良くする仲間によって自分が誰かを知り、知られるのである。周りの人と何の結びつきもないと感じる時、特に「除外されている」と感じる時、私たちは自分のアイデンティティについて心配し始める。自覚しているかいないかは別として、「私は誰？」という質問は、必然的に「他の人は私を誰だと思っているのか？」という質問と同じなのだ。

また、所属するクラブのメンバーと自分を同一視すると同時に、「他のメンバーのようになる」ということも学ぶ。周りにいる人と似るようになり、それは話し方や服装、その他さまざまな面に表れる。同一視することが学びの可能性を生み出すのだ。すべての学びは、自分を誰だと思っているか、そして自分がこれからどうなる可能性があるかということを軸としている。

周りの人から得る学びは、努力を要さず、自然に起こるものだが、その著しい特徴は「代理的」だということである。学ぶためには、自分が同一視する仲間の中にいること以外何もしなくてよい。

他の人が何かを行うことで学ぶ。誰かが行ったことの結果として学ぶのではなく、何かをする瞬間に学ぶ。ただし、その場合、自らをクラブの一員として認識している必要がある。これは、いうなれば、試行錯誤の学習である。しかしこの場合、試行を行っているのは、何も経験がない学習者ではなく経験のある人であるため、誤りはほとんどない。他にも、幼児が「話し方を学ぶ」「話されていることを理解する」「世界についてさまざまなことを学ぶ」など、誤りのない学びの方法の事例はいくつでも挙げることができる。

このような継続的・代理的な学びにおいてもう一つ注目すべき特徴は、永続的（またはほぼ永続的）であるということである。私たち人間は、ひどい身体的損傷や衰退が起こらない限り、話し方や「自分自身のことをどう思っているか」など、人生を通して周りの人から学んだことを忘れるということはほとんどない。実際、思わず身に付いてしまった癖や、すでに学んでしまった自分自身に対する考え方を忘れることができれば楽なのであるが、このようなことを忘れようとすればするほど頭に残ってしまう傾向がある。

私たちは、これまで実際に考えたことはなくとも、他人と付き合うことによってもたらされる結果を認識しているのである。これまでに立ち止まって考えたことがないのは、それが人生の一部として確実に成り立っているからだ。私たちは、「仲間に影響されて自分がどのような人間になるかが決まる」という理論を、必ずしも学びの過程とみなしているわけではないものの、自然なことだと感じている。しかし「学び」に関して考える際、私たちはオフィシャル理論を思い浮かべることが多く、学びとは難しくて努力を要するものだと思い込んでいる。そして私たちは（そもそも考えていればの話だが）こう考える。「人生を通して行う膨大な量の学び、例えば、話し方を覚えることや興味のあるスポーツのスコア方法を覚えること、また自分がどこに住んでいて、自分が誰であり、去年の大みそかにどこにいたかなどを覚えていることは、ただの『記憶』にすぎない」と。私たちはそれを「学び」とは呼ばないが、それは立派な学びなのである。ただし、このような学びは、学びのオフィシャル理論と関係するタイプの学びとはかけ離れたものである。

オフィシャル理論は、学びには努力と忘れが不可欠（そして不可避）であるとし、この理論が主に焦点を置いているのは「記憶」、すなわち次々と物事を頭に蓄えていく行為である。一方で、クラシックな観点では、「成長」に重点を置く。ここでの成長とは、身体的成長とまったくもって類似している、精神的成長なのである。

通常、身体的成長は、決められた努力によって散在的に起こるものでもないし、各部分の集まりが合体して起こるようなものでもない。例えば二歳の子どもは、二人の一歳児が合体してできているわけではない。とはいえ、二歳児が一歳児より多くのパーツや異なる部位を持っているわけでもない。この二歳児は、力・複雑さ・成熟さなどが増加していること以外は、一歳児と同じ人物である。適度な栄養と運動によって「成長した」のだ。そして、適度な栄養と運動が獲得されない場合、子どもの身体的発達が停止したり、障害が起こってしまったりする。

これは、精神的成長の場合も同じである。私たちは、仲間をこれまでの人生の一部にし、彼らから「新しいこと」を学ぶ。この場合、それらの知識はすでに蓄積された知識に付け加えられるのではなく、アイデンティティを創り上げる経験や信念の延長または拡大である。そして、精神に適度な栄養と運動が獲得されない場合、精神的発達が停止したり、障害が起こったりする。

役に立つ学びというのは、普段の生活から時間を割いて真剣な学習に取り組む時に起こるものではない。学びとは、私たちの普段の生活に不可避な行為であり、役に立つ学びは、私たちが普段の心構えでいる時にのみ行われる。苦しみながら学ぶ時に私たちが学ぶことは、「学び」というのは苦しみだということだけである。

3. 子どもの学びの無限性

子どもが五、六歳で学校に通うようになるまでにいくつの単語を学んでいるかご存知だろうか。すべての両親や教師がこの答えを知っていれば、「形式ばった」指導やテスト、その他学校教育上、子どもたちが経験する無駄な過程を介さなくとも、子どもたちがどれだけ多くのことを学ぶ能力を持っているかを理解できるだろう。ちなみに答えは、「六歳の子どもは約一万語の語彙を持っている」である。

もちろん、すべての子どもが同じ一万語を知っているわけではない。いうなれば、各々の友達が知っている一万語を知っているのである。教師が知っているすべての単語を知っているわけではないが、逆に、子どもが教師の知らない単語を知っていることもあるかもしれない。子どもは、生後一年に二〇〇〇語の割合で新しい単語を学び、その学びにおいて目に見える努力や計画的な指導はなく、さらにそれを忘れることもまったくない。心理学者のジョージ・ミラーは、幼児は、起きている間、一時間に一語の割合で学んで（覚えて）いるという統計を出した。しかし、もしそれが正当であれば、彼が研究した子どもはあまり寝ていないことになる。

なぜ大部分の教師が、「生徒がどれだけ知っているか」ということが大きな関心事であるはずであるにもかかわらず、この自然な学びに気付いていないのだろうか。一つの答えとして、教育界の教授たち、つまり教師の教師は、たいてい教師と生徒が「できない」ことに焦点を置くからという答えが挙げられる。外部の専門家（自分たちも含め）によって果たされるべきだとされる中心的役割ばかりを強調するのである。

単語がすべてではない

これから、単語に関して多く語っていく。なぜなら、単語はどんな言語学習においても、最も目に見える側面であるからだ。人の語彙力が比較的豊富か貧弱かを認識することはさほど難しいことではなく、さらに、めったになされないことではあるが、その語彙力のおおまかな数を認識することも、それほど難しいことではない。

　また、ここでは文法に関しても言及しておきたい。文法もまた、言語学習の上で目に見える部分であり、それによって子ども（そして大人）が頻繁に判断・比較されるからだ。

　しかし、「言語は語彙と文法で成り立っている」または「それらが言語学習の大部分を構成している」といっているわけではない。話し言葉に関して、言葉遣い、イントネーション、ターンテイキング（話者の交代）、適切な音量や長さなどの具体的なトピックについては、単に「複雑だから」という理由で、あまり語られることがない。大人が言語のこういった側面について、子どもたちに教えることができるほど十分な知識がないため、それらを無視したり、大して重要ではないと片付けてしまったりするのである。この状況は、ライティングに関しても同様で、目に見えやすい綴りや句読法だけに注目し、段落分け、表現方法、読み手や目的別に異なる適切な文章など、書き手が知っておく必要がある要素を、複雑であるというだけの理由で、不可欠なものであってもあきらめて見逃してしまう。

　しかし、明確に教えられていないことが多くあるからといって、学んでいないというわけではない。私たちは、学んでいるという認識をせずに学んでいる。「何を」学んでいるのかという認識もせずに学んでいる。実際に、自分たちの行動や他人とのコミュニケーションの多くを支配しているものであるにもかかわらず、学んだと認識せずに知識として蓄えられていることはたくさんある。

例えば、アイコンタクトを例に挙げてみよう。これは、どれだけ他人の目を見て、凝視し続けることができるかということであり、人間関係において重要なポイントである。二人の人間が互いの目を見つめ合っていれば、それは親密さを意味する。一方だけがそうしており、もう一方がどこか別の所を見つめていれば、それは権威を意味する。どちらか一方が凝視を避けていれば、それは「ごまかし」でない限り、恥ずかしさや用心深さを意味する。この法則は、驚くほど正確である。ほんのミリ秒の差が違いを生む。同時に、この法則は驚くほど複雑でもある。話している内容、話している相手、そして話している状況によって、あらゆる違いが生じるのである。

適切な長さも、文化によって異なる。ある社会では礼儀正しいとされる「見方」が、他の社会では生意気な目つきであるとされることもある。この法則は、受け継がれていくものではなく、学ばれるべき「慣習」なのである。アイコンタクトは非常に重要であるため、生まれたばかりの赤ちゃんも、自分が属するコミュニティでそれがどのようになされているのかを学ぶまで、自らアイコンタクトを取ろうとしない。初めて赤ちゃんに会う時、目を見ようとするとすぐに目をそらす。じっと見つめることよりも、手を握ることが先に許されるほどだ。

他にも法則はある。慣習的法則で、他人とどれだけの距離を取って立つべきか、そしてどのように、どこを、いつ触れるかという法則である。これもまた、当事者同士の人間関係、行われている事項の内容や場所などによって異なる。さらに、この法則にも文化的相違が存在する（それによってよく恥をかくものだ）。これらも、すべて学ばれなければならないことである。

しかし、このようなことを教えようとした者がいただろうか？　もし教えてもらうように頼んだとしても、どうやって教えることができるだろうか？　どうやって自分たちを意図的に学ぶように仕向けることができるだろうか？　これらは、意識・努力・アドバイス・指示など何もない「学び」なのである。学んでいるという事実、そして何を学んでいるか、何をすでに学んだかなどを認識せずに行う学びなのである。これこそが、クラシックな観点における学びだ。

話し言葉クラブへの加入

子どもは、学校が始まる前の時点で、毎日平均二〇語の単語を自然に学んでいる。むしろ、それが自然すぎることから、「幼児は何も学んでいない」または「さほど学んでいない」そして「もし学んでいたとしても、それは間違った知識である」と長い間想定されてきた。この見解が、無知無力で体系的な指導や正式な教育を必要とする幼児の姿へとつながったのである。

子どもたちが、生後数年のうちに言語学習においてかなりの知識を習得しているという事実が明らかになると、それを取り去るかのように別説が考案された。それは、「言語は生物学的に継承されるため、人間の遺伝子の中にあるものであり、早期言語発達には実際の学びはほとんど含まれていない」と述べる説で、今でもなお重要視されている。さらに、専門家の中には、「人間には生まれた時から脳内に備わっている『言語習得装置』が実用的に形成されており、その装置によって言語を使用したり、理解したりすることができる」と主張する者までいる。

ばかげた話である。私たちが話す言語は、神からの贈り物ではない。すべて学ばなければならないものだ。先祖とは何の関係もない。たとえずっと昔に中国人の先祖がいたとしても、英語を話すコミュニティで育てば、私たちは英語を学ぶことになり、後に中国語を学ぶ時には他の人と同等の困難にぶつかる。中国語を話す環境で育てば中国語を学び、リトアニア語ならばリトアニア語を学ぶのである。現在、世界では一万語以上の言語が使用されており、どの子どもがどこに生まれても（まれなケースであるが、言語を学ぶことができないトラウマを抱えた幼児を例外として）、この一万語のうちのどの言語でも学ぶことが可能である。

実は、幼児は単に「言語」を学ぶわけではない。人間は言語を話すのではない。「方言」を話すのである。いったい世界に何十万の方言が存在するのか、私は認識していないが、生まれた子どもは誰でも、自分が生まれたコミュニティの方言を学ぶ能力を持っている。

それでは、どのような過程で幼児は方言を学ぶのだろうか。私的意見としては、学びが意図的に達成されることはまれである。つまり、「方言を学ぶ」という特定の行為が、とりわけ望まれているわけではないはずだ。それは副産物であり、より重要な別の目的である「アイデンティティの確立」の結果である。どれだけ個性を持っているように見えても、子どもたちは自分たちが誰であるかという認識を持って生まれてくることはない。アイデンティティとは学ばれるもので、子どもたちは、周りの人びとや仲間たちを観察することから、または所属するクラブを通して、自分たちと似ていることを当然だと考えている人びとから学び、獲得していく。そして自分たちが誰であるのかを学ぶ過程の中で、言語やその他さまざまなことについても学ぶのである。

それは生まれた時から始まる。親戚や友人たちが赤ちゃんを囲み、実質的にこのようなことを言う。「新人くん、ようこそ。君は僕らの仲間だよ」。そして赤ちゃんは彼らを見上げて答える。「やぁ、みんな。僕は君たちと同じなんだね。」それですべてが完了するのだ。たった一度の相互的かつ無条件の加入行為が終われば、その赤ちゃんは話し言葉クラブの一人前のメンバーであり、どんな特典をも受け取ることのできる資格を与えられる。

クラブの特典

赤ちゃんが気付いた時にはすでに所属している言語コミュニティを特性化するのに「話し言葉クラブ」というメタファーを用いているのは、実際にクラブに加入した時に入手できるようになる会員限定の特典や利点と全く同様のものを、コミュニティが赤ちゃんに提供するからである。

クラブ加入における最初の利点は、クラブ活動が何であるかを知ることができることである。加入する前には、クラブ内で何が起こっているのかは謎であり、そのクラブに関して誤った情報を習得して、本当の様子は何も知らないことが多い。私はセーリングクラブのメンバーである。メンバーとして加入する前は、主要なクラブ活動はセーリングだと思っていた。加入して初めて、クラブメンバーの中には、人生で一番水の近くにいたのは、ウイスキーの水割りを作ったときだという者もいることを知った。他にも、猛烈に競争が激しいレースからゆっくりとした共同クルージングに至るまで、それぞれのメンバーが多種多様な興味を持っていた。セーリングクラブに入るには、特定のタイプの船乗りである必要はなく、ただ他のメンバーと同一であることを認めることができればよいのである。「君は僕らの仲間だ」「私はあなたたちと同じ」というように。

言語はさまざまな目的にかなうが、明確にわかり切った目的というのは一つもない。言語が持つ機能は「コミュニケーション」だといってしまうのは、あまりに過小評価である。言語は、創造したり、隠したり、物語ったり、偽造することなどに使われる可能性もある。さらに、主要な目的として、「人間関係を構築すること」が挙げられるだろう。そして、子どもたちは言語クラブに加入する前にはこれらのうち何一つ知らない。子どもというのは、そのような知識や予想を持って生まれるものではない。子どもたちが話し言葉クラブに加入した時、地位のあるメンバーたちから、言語が使用される方法や言語によって何が可能になるかのすべてが明らかにされるのである。

クラブの二つ目の利点は、メンバーになってどのような活動を行うことが可能かを知れば、より経験のあるメンバーが興味のあることにおいて手助けをしてくれることだ。「教えて」くれるのではなく、「手助けをして」くれるのである。そこに強制の意図はなく、高い期待があるわけでもない。あなたがどれほどの能力を持つかを気にする人はいない（競争が存在するチームに入ることを選べば別だが）。単純にあなた自身をクラブの一員として受け入れ、興味があることを行う手助けをしてくれる。そこで得るのは、安心感と信頼である。

他のメンバーがどのように手助けするのか

話し言葉クラブに加入することの利点に特定して話を進めていこう。特定の方法で話すように強制する人は誰もおらず、何を行っているにしても、その能力を評価する人もいない。あなたはクラブのメンバーなのである。その代わり、他のメンバーは次のように手助けをするだろう。

① あなたが言おうとしていることを言えるようにする手助けをする。
② あなたが理解しようとしていることを理解できるようにする手助けをする。

「理解できるようにする手助けをする」という部分が一番重要な部分である。子どもは、話す練習をしながら話すことを学ぶのではなく、他の人が話すのを聞いて、彼らのように話すことを学ぶ。人を見ることで学ぶのである（これが「クラシックな」方法での学びだ）。自分たちでは何もする必要はない。他の人が話せば、子どもがその人たちのように話し始めるのだ。

子どもが話すことを学ぶ時、間違いを犯すことはさほどない。時々、使いたい単語を知らないと勝手に単語を作ることがあり、大人はそれを「かわいい」と見なし、人に話したりする。しかし、ほとんどの場合は、話す立場を担っているのは周りの人びとで、彼らが学びを可能にしているため、子どもたちは静かに間違いをすることなく学んでいる。学びのステップは軽快すぎて、ほとんどの場合、私たちは気付かずにいる。子どもが予期しない時に驚くほど乱暴な言葉を使い、「一体どこでこんな言葉を覚えたの?」と自問するまでは。そして私たちは即座に子どもがその言葉を学んだ所を特定し、他の人に聞かれない場所に移ってより詳しい話を聞くことになる。

「他の人から学ぶ」という自然で原則的に間違いのない学びを実行する基本的条件は、他の人たちが何をしているかを「理解する」ことである。「あの大きな犬を見てごらん」または「ケチャップを取ってください」と言うことを学ぶには、他の人たちがそう言っている時に何をしているかを理解することが必要だ。これが、子どもがいる時に通常大人(そして年上の子どもたち)が行っていることである。その時行っていることや周りの状況に関して「解説」をするのに、大人たちは多大な時間を費やしている。

もし子どもの言語習得にあたって何か生来のものがあるとすれば、それは赤ちゃんが理解する能力を習得する前に大人たちが話しかけなければならないという衝動だろう。とはいえ、もし大人がそうしなかったら（つまり、子どもが理解するまで実際に会話するのを待てば）子どもたちが話すことを学ぶことはない。

子どもを紹介されると、大部分の大人がすぐに会話を始める。「調子はどう？　その帽子かわいいね。あそこにいる大きな犬を見て」。そして大人は解説する。「○○ちゃんのジュースはこれだよ。濡れた靴下をはきかえなくちゃね。そこの道路にいるのはお隣さんの猫かな？」

同時に、大人は赤ちゃんが言おうとしていると思っていることを言う手助けを急いでしまう。例えば子どもが「わーわーわー」と言えば、大人が「『クッキー下さい』って言ってるの？」という具合だ。

話しかけられても答えることができない立場にある子どもと会話することを大人たちが必要とする反応は、抑えきれないものであり、自分に子どもがいなければ他の人の赤ちゃんを話し相手に借りることがよくある。または、犬や猫に話しかける。

子どもの人生の最初の数年間のうちに周りで言われていることのほとんどは、一目瞭然の事柄である。大人が「これが○○ちゃんのりんごジュースだよ」と言えば、子どもにとって大人が話していることはたいてい明らかである――その大人はジュースを差し出しているのだ。他にも、大人が誰かに「コーヒーをどうぞ」または「テレビをつけるね」と言っていれば、何に関して話をしているかは明確なことが多い。

子どもが誤解しても、解釈を間違っても関係ない。どんな場合においても、子どもが学んでいるという事実や次に経験することが子どもの考えを正すという事実を誰も知らない。さらに、子どもが言及されていることを理解できない場合（ここで学びの可能性はなくなるわけだが）、子どもはすぐに興味をなくして別の場所に注意を持っていく。意味をなさないことを無視する権利は、どのような子どもの学習においても極めて重要である。そしてこの権利は、子どもたちが学校における強制的な学びの環境に置かれた時に失われる最初の権利であろう。

自分たちが誰であるのかを学ぶ

子どもが、誰も知らないうちに練習もしないで学ぶのは、語彙だけに限ったことではない。力強い意思表明・断定や、権威と確実さを持って表現する要求を言葉で表すための単語のつなげ方なども学ぶ。困惑して何もかもわからない状態である場合を除いて、子どもが適当に言葉をつなげていることはない。すべての子どもたちは、体系的に話している。つまり、文法を使用しているのだ。

子どもは、両親や教師が使っている文法こそ使っていないかもしれないが、両親や教師でさえ、自分たちが使っていると思い込んでいる文法は使っていない可能性もある。何にせよ、学校で公式に教えられている文法を話す人は誰もいない。その文法は、解剖のため、つまり紙という「遺体安置所」の上に置かれた死んだ言語の解剖を行うための文法なのである。

人々が話すために学ぶ文法（というより、「文法たち」と複数で表した方がよいかもしれない）は、コミュニティのアイデンティティや懸念を表現する言語を生み出したり、理解したりすることを可能にする生きた文法たちだ。私たちが学ぶ文法や語彙は、いうなれば、同一視するコミュニティとのまとまりであり、それは、自分たちが誰であるかの反映なのである。

ほとんどの子どもは、最初は少なくとも両親と同じ独特のニュアンス、強調、そしてイントネーションを用いて話すことを学ぶ。しかし、彼らはすぐに家族に加えて（またはその代わりに）、自分たちの価値観や世界においてより多大な影響を発揮する人びと、つまり友達のように話すようになるのである。

子どもたちは、心から同一視したいと思う人びとのように話すようになる。それも、この行為はかなり精巧な正確さを持って行われる。適当に友達のように話すとか、だいたい友達のように話すわけではない。まったく同じように、まるでクローン人間のように話すのである。私たちは、その話し方を変で教養がない、さらには無知だとまで特徴づけてしまうかもしれないが、彼らは間違いを犯しているわけではない。これこそが正確な学びである。そしてもう一度いうが、それは表向きの練習や自覚的な意図なく達成されている。

偶然にも、これらの行為はどれも行動主義的な刺激反応理論には関与していない。子どもが、話しているのを聞く時間が一番長い人のように話すようになるといっているわけではない。学校に行けば、子どもは九〇%の時間を教師の話を聞くことに費やし、残りの一〇%だけが生徒間で話す時間として許される。しかし、結局教師のように話すようにはならない。もっとも、教師になりたいと考えていれば別であるが。

子どもたちは、他にも多くのことを友達から学ぶ。適切な歩き方、服装、着飾り方も学ぶ。何について笑い、何を真剣に捉えるべきかを学ぶ。価値や大志を学び、一般的に人生や世界に何を期待すべきかについて学ぶ。これらの学びもまた、自然に行われる。そしてそれらは、自分が誰であるかの大きな核となる。それ自体がアイデンティティ、そして世界と直面する時に頼るものとなる。

親になれば、六歳の子どもたちに、友達が着ているTシャツと違うものを着せたり、友達と違う髪型にさせたりするのがどれほど難しいことかがわかるであろう。それは、子どもたちがファッションを勉強し、実践しているわけではなく、仲間たちから「学んでいる」のだ。

自分たちが誰ではないかを学ぶ

私たちが、自然に行っている継続的な学びは、必ずしも良いことであるとは限らない。人間を悪い方向に導いてしまうことを学ぶこともありうる。そして私たちはそれを一生忘れることはない。

人間は、何を学ぶのかを選ぶことはできない（仲間を選ぶという形ではある程度可能だが、この場合、学びたいと思っていることを選ぶことになる）。願っていてもいなくても、仲間は私たちに影響を及ぼす。クラブまたはコミュニティに歓迎された時、私たちはすぐに彼らを自分と同一であると見なす。しかし、逆に「私たちのクラブでは受け入れられない」または「君はここには合ってないよ」と言われれば、自分はそこには属しないこと、「彼らは自分と同じタイプの人じゃないし、そうなりたくない」ということを学ぶ。

私たちは、加入するクラブと同様に除外されたクラブからもアイデンティティを構築する。同じようになりたいと思う人から学ぶのと同じぐらい、そうなりたくないと思う人からも、自分が誰であるのかを学ぶ。そして、自分が誰であるのかを決定すれば、その役を演じ始めるわけだ。それが最終的に利益になるかは別として、私たちは、一緒にいる仲間、自分が避ける人びと、そして避けられる人びとによって創り上げられる。

言語は私たちがアイデンティティを構築する主要な方法であり、それによって他の人のアイデンティティを決定し、カテゴリー化することから、言語にはかなりの注意が払われる。言語があらゆる人のアイデンティティの核として見なされる。だからこそ、誰かの話し方を変えようとすることは、非常に侮辱的で破壊的なのである。人間の言語をはぎ取ろうとすることは、その人のアイデンティティの核を攻撃するのと同じことだ。当人の意図としては最良の方法でも、その意図は誤解され、誤った方向へ導かれる。二つ以上の言語を学ぶことも可能である。二つ以上の方言、そして特定の世界の見方を学ぶということだ。これはクラブに加入するたびに、日常的に行われていることである。しかし、だからといって、他のクラブへの所属の象徴を捨てるというわけではない。特に自分のアイデンティティを明確に定義するクラブに関してはなおさらだ。

人びとの話し方を変えるには、これまでの信頼あるクラブを放棄させるのではなく、新しく（彼らにとって）魅力のあるクラブに入るのを可能にさせることである。

学びは学校でも続く

子どもの自然で表に見えない言語の発達は、学校に行き始めてからも続く。ある小学三年生の担任教師が、語彙力の早期発達に関する報告を耳にし、自分の生徒が一学年の間にどれだけの単語を学ぶのか疑問に思った。

まずその教師は、生徒の語彙数を測定することから始めた。それから一年間子どもたちが成長するのを待った、というわけではなく、すぐ隣の四年生クラスの教室を訪れ、同じように生徒の語彙数を測定した。そして、四年生の平均から三年生の平均を引き、「これが、私が担任をする一年間で生徒が学ぶだいたいの語彙数だ」と結論付けた。

そこで、その教師は合計数を三六五で割り（うるう年ではなかったので）、「これは今年生徒が一日で学ぶ語彙数ね」と言った。そして結果は（私自身を含め多くの人がこの教師の計算を確認したところ）二七語だった。この教師の生徒は一日に平均二七語を学ぶというのである。

この時点で、教師の論法に関して疑問に思う人もいるかもしれない。平均数は、土曜日・日曜日そして学校の休みもすべて含めた三六五日で割って計算されている。忘れている単語に関しては一切許容せず、子どもたちが学び、「覚えている」単語のみを数えた。一日二七語。もし子どもが一日でもベッドで寝ているようなことがあれば、次の日に追い付くために五四語を学ばなければならない。

私は、できるだけ出会った教師全員にこの研究について言及するのだが、頻繁に猛烈な反対をくらう。教師はだいたいこのように言う。「それはおかしいですよ。単語帳にある単語を一〇語教えるのに一時間かかるし、それでも次の日生徒が五語でも覚えてくれていればラッキーなものです。週末には二語でも覚えてれば立派な方です。それなのに、どう転べば子どもが何も忘れず一日に二七語も覚えることができるのですか?」

そして私は言う。「子どもたちが単語帳を勉強していない時に起こることなのじゃないですか」。

教師たちは、学びのオフィシャル理論がもたらした「学びには努力や組織が必要である」という価値観と、「クラブの一員として学ぶ」という目に見えなさすぎて、実際に行われていることを実証するには正式な「研究」を要する（と考えている）学びとを比較している。それでも、まだ疑う人はいるだろう。

これらの研究結果を疑った研究者のグループが、イリノイ大学のリーディング学習センターで研究を行ったのだが、このセンターは連邦政府資金によって助成されている機関で、「子どもたちは、高度に構築された方法で熱心に勉強し、常時監視されていなければ何も学ぶことができない」という価値観の下に設けられた可能性があるといわれていた機関であった。

研究者たちは、子どもの日常的な語彙発達の研究の多くを専門的に再現・再計算したのだが、結果として一般的な研究結果の説得力を弱めることはできなかった。その結果を得て、悪魔のような手段に出たのだ。高校生の語彙学習をテストしたのである。思春期の子どもは勉強する他に考えることが多くあることは、誰もが知っていることだ。そうなれば、信じられない割合で語彙力を広げているということは不可能に近いであろう。

もう一度、研究者たちは、一〇代の子どもでも平均で一年間に三四〇〇語のペースで新しい語彙を学んでいると報告した。そのままいけば、もう学ぶ単語もなくなるのではないかと思うぐらいだ。テストされた数千人の生徒の平均学習率は、この年齢にしても、一日一〇語、それも毎日のペースだ。

もちろん、三四〇〇語というのは平均値である。全体の下層部の生徒であれば、「たったの」一五〇〇語を学んでいた。もし私が本書の初めで「高校生は一年間で一五〇〇語を忘れることなく学ぶ能力がある」と言えば、「どうすれば人間がそんなに多くのことを学べるのか」と疑問に思ったかもしれない。しかし、これは全体の下層部の生徒の話である。ちなみに、上層の生徒は一年に最大で八五〇〇語の新しい単語、一日にして二〇語以上を学んでいるのだ。実のところ、人間が理解しやすい状況下で新しい単語に出会い続ければ、語彙学習がストップするという兆候はないのである。

このような数値幅に出くわせば、当然研究者たちは何がこの差異を生んでいるのか疑問に思うことになる。なぜ一年間に「たったの」一五〇〇語を忘れることなく学ぶ生徒もいれば、最大八、五〇〇語を学ぶ生徒もいるのだろうか。そこで彼らは、よく使われる被験者たちをかき集めてみた（人種、社会経済的地位、両親の教育・職業、家庭収入、家族数、出生順位［兄弟・姉妹で何番目か］など）が、これらの違いの中で、実験結果の差異の原因を説明できるものはなかった。しかし、習慣において調べを進めるうちに差異の原因になっていそうなものは見つかった。これは、人によっては少し驚くようなものかもしれないが、多くの人にとっては当然のことだった。すなわち、差異を生み出していたのは、リーディング（読み）、つまり読み物にどれぐらい触れているかであった。

研究者たちは、これを重大な発見であるとして発表した。たくさん読む人は、たくさんの単語を覚える傾向にある。彼らによると、読むために多くの語彙力が必要なわけでもなく、読んでいる間に語彙を教えてくれる人が必要であるわけでもない。読書家になるのに必要なのは、自分が理解することができ、興味を持てる「題材」だ。それでも、とにかく読書をすれば語彙力は伸びる。単語をいくつか理解できないなどということは関係ない。むしろ、それがまさに新しい単語を学ぶ時なのである。

他にも、この研究者たちは、読んでいる間に人間が何を学ぶかに関する素晴らしい研究結果を発表した。すなわち、たくさん読む人は、良い読者になるということを発見したのである。もう一度いっておくが、たくさん読むためには良い読者である必要はないが、もしたくさん読めば、読解力が高まる。さらに、たくさんの量を読む人は、読んでいる内容をより理解することができ、文章を書く能力・つづりを正しく覚える能力が高く、学力も高い傾向にある。これは、研究者たちが発表したことではないが、個人的な結論としては、「生徒に読むことを促すことさえできれば、それが学校での多くの問題を解決することにつながる」ということだろう。

読むことの利点

「人間は、読んでいる間に自然に多くのことを学ぶ」という証言は、「仲間から学ぶ」というクラシックな観点と相反すると反論を唱える人がいるかもしれない。本にのめり込んで座っている状況で、どこに仲間がいるだろうか。

しかし、読むという行為は一人で行う活動ではない。読者は決して一人ではないのである。読者は、読んでいる本の登場人物の仲間に加わることができる。この理論によって、なぜ私たちが自身と同一視できる人びとや、自身が置かれたい状況に近い内容の本を読むのかが理解できる。読書をする時、私たちは世界中のどんなクラブにでも所属することができる。そしてそれこそが、読書の非常に大きな利点である。

また、読書をする時、私たちは著者の仲間に加わることもできる。そして、たいていの場合には実際に著者がその状況下に置かれていた時や著書を執筆していた時よりもかなり楽で安全な状況で、考えや経験を共有することができる。他にも、新しい単語を覚えたり、読み書き能力を上達させたり、意見の表現・議論・創造的な考えなどの能力を高めるためのガイドとして著者を捉えることだってできる。

読み書きというのは、良い市民または仕事において有能で求められる人材になるのに不可欠な資質とまではいかないものの、役に立つ資質であるとされるのは万国共通であろう。場合によっては過剰なほど役に立つ。読み書きの最高の価値は、絶えず静かに学ぶ中での「経験」である。

印刷物と時間を共にする際に行われるこの不可避な学びは、無意識に世間から認められている。禁止されて図書館の本棚からなくなる本や、新聞や雑誌において出版されるべきではないコメントが存在することを考えてみてほしい。誰もが活字の強力さを認識しており、これはクラシックな観点に基づく学びの一つである。

4. 読み書きクラブに加入する

では、私たちはどのような過程で読み書きクラブのメンバーになるのだろうか。子どもや大人は、どのようにして自身が読み書きの世界の一員だと認識するのであろうか。

読み書きクラブに加入するのに、スキルのある読者である必要はないし、書くことに関する知識を持っている必要もない。むしろ、その反対である。読み書きクラブのメンバーになるまでは、読むことや書くことを学ぶことはできない。読み書き能力というのは、私たちや教師たちがこれまで熱心に専念してきた持続的な読み書き指導の末に身に付くものではない。読み書きは、話すことに対する理解や上達と同じぐらい自然に起こるはずのものである。それ以外のもの（より卓越した訓練、ドリル、教員による間違いの訂正、そしてテストなど）は、邪魔なものであり、時には子どもたちが読み書き能力を身に付ける過程の中でぶつかる大きな障害にまでなりうる。

読み書きを学ぶ過程が表に見えて自然でない場合、それは学習能力がないのではなく、間違ったことを学んだことがあるという個人的な経験または社会文化的歴史に原因がある。「読み書きの達成が難しい、または達成できそうにない」と認識することは、（自信のない学習者にとっては特に）失望的で、無気力さや自信喪失を促すものであり、親切な協力者（つまり他の経験あるクラブメンバー）のサポートがなければ、克服は不可能に近い。

読む量が多い人が良い読み手になるのは、よくあることである。この「読む能力」は、著者の仲間となることから得る利益の一つだ（ただし、あなたが自分自身をクラブメンバーであると認識していれば）。著者は、人が読書を始める瞬間からこの協力的な役割を担っている。彼らこそが、子どもに読むことを教える人物なのである。言い換えれば、「読むことによって読むことを学ぶ」のだ。

子どもたちが「読むことによって読むことを学ぶ」という事実は、教育学的研究によっても実証されている（無視されてしまっていて、表面的な努力を強制したがるオフィシャル理論によって搾取されてしまっていることも多いが）。「絵や写真だけでしか本を読むことができない時期であっても、読書に多くの時間を費やす子どもたちはすぐに優秀な読み手になることが多い」という理論もまた、クラシックな観点（つまり常識）の一つである。

しかしながら、この理論は多くの人びとに難題をつきつけることになる。「もし読むことによって読むことを学ぶのであれば、最初はどうやってその回り続けているメリーゴーランドに乗ることができるの？　読むために、読むことを学ぶためには、どうやって読み始めるの？」

この質問には、至ってシンプルな答えがある。自分で読めないのならば、誰か別の人が読んであげないといけない。

話し言葉クラブでの状況を思い出してみてほしい。まず誰かがクラブの活動内容を教え、それからあなたがしたいことの手助けをする。読み書きクラブに限定して話をすれば、メンバーたちが、あなたが興味を持っているものを読む手助けをし、書きたいことを書く手助けをする。

子どもに、子どものために、子どもと読む

時々、子どもたちに「自分で何かをする」ということを教えているのに、何かをする時に子どもを助けることに時間を費やしすぎるのが心配だという人がいる。例えば教師なら、「もし子どもたちに読み聞かせてばかりしていたら、私に頼るようになってしまって、いつも読み聞かせてもらうことを期待するのではないか」と思う人がいるかもしれない。

結論からいえば、この教師は心配する必要はない。子どもたちは、「自分でできる」と思っていることにおいて他の人に頼るということは決してない。これを説明するのに、シンプルかつ説得力がある理由がある。すなわち、我慢ができないのだ。現に私たちも、かつては誰かに髪をとかしてもらい、靴ひもを結んでもらっていたが、今では誰かにそうしてもらおうなんて考えてもいない。子どもも同じで、むしろ通常ならば私たちができると判断するより随分前の時点で、「自分でする」と主張し始め、私たちの忍耐強さが試されるほどであろう。

子どもへの読み聞かせは、あなただけの読み書きクラブから、一番経験豊富で身近なメンバーが著者であるクラブへと変化していくものであるが、通常三つの段階を踏む。

最初の段階では、あなたは子どもの「ために」読み聞かせをしており、その段階では子どもはあなたの前に座り、言葉が出てくる口を見つめているだろう。次の段階では、子どもはあなたの傍にいて、膝の上に座っているか後ろから本を覗きこんでおり、あなたではなく本を見ている。その時点で、あなたは子どもに、または子どものために読んでいるのではなく、子ども「と」読んでいる。そして最後に、両親の人生の中で最もいらいらする時期がやって来る。まだページの最後まで読んでいないのに、子どもがページをめくってしまう時だ。イギリスの教育専門家マーガレット・ミーク（Margaret Meek）がいうように、この段階に達した子どもたちは、すでに読むことにおいて近くにいる大人に頼っておらず、著者を頼りにしているのだ。また、マーガレット・ミークは以下のように論じている。「『読むことを教える教師』の多くが、実際に読むことを教えている著者と子どもの間に入ってしまうのは悲しいことである」。

何も強制しない著者

それでは、著者はどのようにして子どもたちに読むことを教えるのか。これは、「学びには努力と体系的な指導が必要である」と述べるオフィシャル理論ではとうてい説明できないが、「仲間から学ぶ」とするクラシックな観点を基に考えれば何も不思議なことではない。

子どもが本を読む時には（特に書かれていることをすべて暗記していても、聞いたり読みたがったりするお気に入りの物語であれば)、常に著者が読み方を教えている。子どもたちが次の単語が何であるかを予想できるような有名な本にも同じことがあてはまる。彼らは、物語を「学ぶ」ために読んでいるのではなく、「楽しむ」ために読んでいる。物語の内容自体は、すでにほとんど知っているのだ。マーガレット・ミークが主張したように、子どもは単語を知っていて、著者はそれらをどのように読むかを教える。子どもが話し言葉において一日に二〇単語を学ぶのと同じぐらい自然にである。

この状況の中で、誤った考えを持っている両親または教師は「簡単すぎる」とかすでに話を知っているからという理由で子どもから本を取り上げてしまうことがあるという事実は、皮肉と呼ぶべきであろう。これこそがオフィシャル理論の悲劇の一例である。人びとは、「『難しさ』があるからこそ学習が行われ、楽しんでいる間に学んでいるなんて不可能だ」と信じ込んでいる。また、教師たちも、「子どもたちは努力を要する状況にいるべきだ」と言って不必要に学びを複雑にすることを時に正当化する。

著者は、どんなに子どもに甘い両親と比較しても、子どもたちや幅広い世代の読者にとって、最も忍耐強い協力者であるといえよう。学習者が一七回続けて物語を読みたくても、難しい文章をとばしても、頻繁に間違った解釈をしても、ある部分に戻り続けても、著者は決して異議を唱えることはない。むしろ、なぜ異議を唱える必要があるのかという話だ。彼らは、時空間という意味では遠いかもしれない。すでに亡くなってしまっている可能性もある。それでも、学習者に、単語の意味や区別の仕方、つづりや他の単語との文法的関係性、文章・段落さらに詩や脚本にどのように単語が編成されているかを、物語の中で実用的に教えるのである。

読み書きクラブの内側と外側

学習者は、気に入った書物を読んだり読み返したりする時に、著者と自身を同一視するためにも、自身を「読み手と書き手」というクラブのメンバーであるとみなさなければならない。というより、逆に、学習者が自身を「読み書きクラブのメンバーではない」と認識してはならないということが非常に重要である。もし、「自分がクラブのメンバーではない、またはメンバーだと思われていない」ということを一度学んでしまえば、それを忘れることは決してないであろう。そうなると、一生、読むことや書くことに関しては多くのことを学べないことになる。

「すべての子どもは（少なくとも学校に入るまでは）何らかの類の読み書きクラブのメンバーである」という理論には、説得力のある根拠がある。ある研究は、適切に機能する活字が存在しない家やコミュニティはない（少なくとも北米、さらに私が理解している限りでは全世界にあてはまる）と示唆している。道に転がっているごみや田舎にも活字体は存在する。そしてそれはすべて意味をなしており、学習者はそれを自分のアイデンティティと深くつながりを持つコミュニティの一部として認識する。

それを証明する例として、活字が存在する家において、子どもたちはそれらの活字が何のためのものなのかわかっており、彼らは仲間（時を共にする人・もの）から学びながら、活字を使用する過程に参加していることである。例えば、毎朝キッチンのテーブルで新聞を読む習慣がある家庭で育った子どもは、朝にキッチンテーブルの周りで新聞を読むという概念を知り、それを実行に移すことができるようになる。正しく紙を手に持ち、さらにそれに即した類の単語を朗読することすらできるかもしれない（たとえまだ実際に見ているページを朗読しているわけではなくても）。もし、冷蔵庫のドアに伝言を残す習慣を持つ家庭で育った子どもであれば、彼らは冷蔵庫のドアにある伝言の概念を理解しており、自分自身のものも作りたくなるであろう。

バースデーカードやグリーティングカードを頻繁に送る家庭で育った子どもは、グリーティングカードに関してはすべてを把握している。また、子どもたちはテレビ番組表や電話番号の告示、コマーシャル、カタログについても理解している。そして、テレビコマーシャルやデパートなどにおける活字の意図をほぼ汲み取ることができる。彼らは、たとえ自分たちで読んだり書いたりすることが得意ではなくても、読み書きクラブのメンバーなのである。何か問題でも起きない限り、流暢さというのはそのうち自然にやってくるものだ。ここでは、話し言葉と同じように、経験豊富な他のメンバーたちが書き言葉によって何が可能であるかを子どもたちに示し、子どもたちが読むこと・

書くことそれぞれに興味を持っていることを読んだり書いたりする手助けを自然に行ったのだ。

そして、もしも学校へ行くまでに子どもたちが読み書きクラブのメンバーでないようなことがあっても、教師が子どもに読み書きクラブメンバーに入るように興味を持たせることは不可能ではないだろう。時にはかなりの気配りと忍耐強さが必要とされるかもしれないが。

残念なことに、クラブのメンバーであってもそうでなくても、学校に入ったばかりの子どものうち大部分は、そこで初めて「筋が通っていない」書き言葉に出会うことになる。それは、オフィシャル理論による学びにおいて好まれる練習やドリルの一部だからだ。そこで、「読み書きクラブは自分の性に合っていない」と決めつけてしまったり、そう教えられてしまったりする可能性がある。読み書き、算数、科学、社会科などの教科や、思慮や尊敬心を持って民主的に振る舞うということなどを学ぶ代わりに、「これらすべての分野は自分の興味や能力外のことだ」ということ学ぶかもしれない。

5. 人生を通して学ぶ

私たちは、人間であれ活字であれ、仲間（時間を共にする人・もの）から学ぶ。また、映画やテレビ、そしてインターネットなどの媒介を通して時間を共にする人やものからも学ぶ。しかし、自由な想像力を促進することを考慮に入れれば、その中でも読書は特別であるといえるだろう。

私たちは、人生を通して、仲間（時間を共にする人・もの）から学ぶ。それも、努力や意識をせず、忘れることもない。例えば、オペラやバレーが好きな人たちは、オペラやバレーに関する知識の宝庫となり、芸能人のスキャンダルを頻繁にチェックする人は、芸能界スキャンダルの「歩く百科事典」となり、昼の連続ドラマに没頭している人はドラマの登場人物が住む世界に生きる。

学びの流れを止める

私の知り合いのお年寄りの話をしよう。彼はイギリスに住んでおり、テレビでニュースやスポーツ番組を見るのが日課で、新聞でもニュースやスポーツ欄、さらには有名人のゴシップまで読みながら毎日を過ごしている。ある日、彼の家を訪問した時、それらを詳細にわたるまで説明することで私をもてなしてくれた。チーム全員の選手のスコア・名前・経歴、さらにはそれぞれの収入まで完璧に知っていた。政治的時事に関しても専門的な意見を述べ、世界金融市場において将来的に起こる可能性のある危機に備えるよう警告までしてくれた。また、尋常ではない数の英国王室のゴシップで私を楽しませてくれた。

時々、私はこの場合でいう「英国王室のプライベート生活」のように、不必要な情報の洪水の流れを止めるのに、学びのオフィシャル理論を用いるとどうなるかを空想してみる。その友達に、

「学ぶためにはもっと努力しないといけない」と伝えているのを想像する。今後は、英国王室のニュースに関してより細かな注意を払い、詳しいメモを取るように言う。それから、点数を記録し、きちんと周りについていけているかも少し遅れているかもチェックしなければならない。その点数を彼の友達に見せることで、彼を励ましたり、促したりしてもらうように言っておく。「君の年代の八〇%はこのテストにおいて高い点数を取っているので、さほど難しくはないはずだ」と本人に伝える。やる気を起こさせるために、「将来の年金の額は、今の成績によって決まる」とまで言うかもしれない。

そうすれば、何が起こるかは目に見えている。英国王室について読むことが大嫌いになる（そして私のことも大嫌いになるであろう）。それに関して読むことを完全にやめてしまうかもしれない。学んでいることを自覚させることで、彼の自信だけでなく、その学び自体までも破壊してしまう。「学びには努力と組織が必要だ」とするオフィシャル理論は、このように莫大な破壊力を持っているのだ。

私たちは、世界について、そして自分自身について、常に学んでいる。私たちは、一日の一瞬一瞬、自分たちが学んでいることを自覚せず、努力せずに学んでいる。私たちは、興味があることを学び（なぜならクラブの一員であるから）、自分にとって意味をなすことを学ぶ（なぜなら、混乱するようなことは、「それが混乱するようなことである」という事実以外に学ぶことは何もないからである)。

しかし、同時に私たちは脆くもある。学ばない方がよいことや、自分自身や他人に対する意見を弱め、自分に対する見方や世界における自分の居場所に対する見方を失うことにつながることまで学んでしまうかもしれない。あまりにも自然であるため、自分を褒め立てることはないし、「自分ができないことが存在する」ということを学ぶことによって受けるダメージを認識することもない。代わりに、「十分な訓練と適切な学習方法を用いればいつでも何でも学ぶことができる」という間違った学びの理論を覚えることになる。

「学ぶ」こと・「覚える」こと

時々、「問題なのは学べないことではなくて、覚えられないことである」という人がいる。「学んだことを覚える(または思い出す)ことができないのが問題である」という意見だ。この二つに関しては、意味の混同が行われることがよくある。「学ぶ」と「覚える」という単語は通常置き換えることが可能であり、何かを学んだといえれば、覚えているともいえる。それが言語というものだ。本書の前の段落を、「学ぶ」という単語をまったく使わずに書き直すことは容易にでき(オフィシャル理論に関する特定の参照以外は)、反対に「覚える」という単語を使わないことも可能だ。「覚える」という単語自体、実は曖昧な単語である。記憶の中に何かを入れるという意味にもなるし

（例えば「この出会いはずっと覚えていることでしょう」というように）、記憶から何かを出すという意味でも用いられる（例えば、「前に会った時のことを覚えているよ」というように）。

しかし、私たちを困惑させる要因はそれだけではない。記憶には二種類（または二つの側面）の記憶があり、二種類の「覚える」という動作があるのである。

一つ目のタイプはいわゆる「短期記憶」または「作業記憶（working memory）」と呼ばれるものである。これは、電話番号や道の名前を覚える時などのように、人間が記憶を短期間だけ頭に置いておく場所である。ここでは、あることの意味を汲み取り、次のことへと脳を動かしている間に、最後に読んだ文章や最後に聞いたことを記憶しておく。短期記憶は、状況によっては非常に効率的で便利である。迅速に情報を吸収することができ、瞬時にアクセスが可能だ。しかし、同時にかなりの制限もある。少ない情報（七桁の電話番号がせいぜいだろう）しか維持することができず、繰り返して言っている間や、そこに注意力を向けている間しか続かない。短期記憶に置かれている情報への集中力を失った瞬間、その情報は忘れられてしまう。記憶した電話番号を打ち込んでいる間に何か邪魔するものでも出てくれば、もう一度番号を調べなければならない。

短期記憶にある情報を忘れるのはあまりに簡単である。思考が一瞬でも脱線すれば、もう一度振り出しに戻らなければならない。しかし、短期記憶を特徴づけるこの「容易に忘れてしまう」という性質が、短期記憶の最高の利点であるともいえる。近接過去に注意を払わなければいけなかったことによって、現在の注意力がいっぱいになって詰まってしまうことはないと証明しているからだ。話し手が最後に言ったことは、現在言っていることを同時に理解できるように消されていく。もしこの一時間で起こったことすべての詳細を頭から出すことができなければ、どれだけ頭の中がいっぱいになるか想像してみてほしい。ましてや、これが一時間でなく一日であれば、とんでもないことになる。

もしかすると、短期記憶を「記憶」と呼ぶこと自体間違っているのかもしれない。短期記憶は、確実に「学び」と同義語ではない。「短期記憶」という表現を聞くと専門的な印象を受けるが、事実、一九五〇年代に心理学における「情報理論」の影響力が大きくなってから広く用いられるようになった単語である。それ以前の短期記憶にあたる名前は、「感知の範囲」または「注意の範囲」であり、それらを現在も用いる方が適切であるかもしれない。短期記憶には、一度で注意力を払ったり、把握したりできるだけの容量しかない。ある一瞬の間に注意を払っていることにすぎないのである。

そして二つ目の記憶が「長期記憶」であり、これがうまく短期記憶を補う。長期記憶の容量には制限がない。例えば、新しい知り合いの名前を覚えるのに、前の知り合いの名前を忘れる必要はないだろう。さらに、長期記憶が持続する期間にも制限はない。人間の脳が生き残っている限り続くものである。そして、それが問題なのである。長期記憶にある情報を忘れることはできない。もし「自分は歌が下手、または外国語を習得することができない」ということを学べば、それらを自分自身で忘れることはできない。長期記憶こそが学びの同義語である。それは「成長」なのだ。

短期記憶と長期記憶では、新しく習得した知識や理解の記憶への入り方が異なる。前述したように、短期記憶へのアクセスは直接的で即時のものである。電話番号を覚えるには、とにかく繰り返し言うしかない。しかし長期記憶においては、情報の入り方が異なる。すべては、学ばれようとしていることを長期記憶が取り入れるかどうかが問題となる。すでに頭の中に存在している構造を基にして、これから入る情報の構造を探し出すことで長期記憶に情報を入れる。言い換えれば、「意味を理解しながら情報を入れる」のである。例えば、電話番号を長期記憶に入れる時、それを一連の番号や、歴史的な日付、自分の誕生日、他にもそれを記憶しやすいような数字と結び付ける。役を演じたり、誰かと自分を同一視したりすることで、それが自身の神経構造と統合される、つまり、アイデンティティの一部になる。このような学びは、代理的に行われ、ある経験への参加を通して生まれる副産物だ。このような学びは、すでに知っていることをさらに詳細にするものであるため、無意識に行われる。何かを強制的に入れ込んでいるわけではなく、どちらかといえば何かを「自分の一部にする」ために自然に手を伸ばす。長期記憶とは、すべての経験が組み込まれたネットワークなのである。

情報は自然に長期記憶に入り込むか、まったく入り込まないかのどちらかである。学ぶか学ばないかのどちらかだ。または、学びたいと思っていること（例えば、パソコンの操作）を学ぶか、

「自分には理解できない、いわゆる『そのタイプの脳』を持っていない」ということを学ぶかのどちらかであると言ってもよいかもしれない。

多くの人びとが、数千の単語を問題なく正しく書くことができる。人びとが話し言葉で使うことができる語彙に対して、何語を正しく書くことができるかを計算した研究結果はまだ正式には出されていないが、その総数が話し言葉における語彙数と同様に高い数字であることは確実だ。しかし、私たちは、たった数語の知らない単語に目を向けすぎて、知っている単語に関してとりたてて自分を称賛することはない。どうしても覚えられない単語というのは、誰にでもあるものだ。もちろん、その単語は個々人で異なる。しかし、それは正しい漢字や書き方を学んでいないことが原因ではなく（これらは定期的にチェックして、記憶にとどめられている単語である）、すでに学びすぎているることが原因なのである。また、間違った漢字や書き方を学ぶのは、たいてい無意識のうちに行われている。ある特定の単語を書こうとすると、間違った漢字が頭に浮かぶことや、正しい漢字と間違った漢字の両方が頭に浮かび、区別をつけることができないことがある。ここでは、問題は「学ぶ」ことにあるのではなく、「忘れる」ことにある。私たちは、時には効率的すぎるほどよく学んでいる。しかし、どれだけ頑張っても、忘れることは大の苦手なのだ。身体的成長を逆戻りにすることが不可能であるのと同じように、長期記憶に忘れることは存在しないと（証明することは不可能であるが）いえるかもしれない。

長期記憶が私たちの気持ちを失望させてしまう別の理由として、すでに学んだことや、安全にとってある記憶にいつでもアクセスできるわけではないということも挙げられる。長期記憶においては、棚から何か物を取り出すように、選んで取ることはできない。そこまで到達しなければならないのだ。長期記憶はネットワークであるため、それぞれに関連し合うものたちが結び付いている道があり、特定の一部にたどり着くにはその道をたどらなくてはならない。これは、私たちが普通に生活していくうえでは、通常何の問題もない。なぜなら、混乱でもしていない限り、人間は脳内に複雑に構成された経路を作り上げ、それをたどっているからである。しかし、その時点で直接アクセスを持っていない何かにたどり着いて把握させることを脳に強制しようとすると、迷路の中に迷い込み、壁に直面することになるだろう。名前、綴り、スーパーで買いたかった商品などを思い出そうとしても、断固として思い出せない。誰かがそれを口にすることで記憶を「呼び覚まされる」と、すぐに認識することができるのだが。

クラシックな観点における学びでは、長期記憶のみに焦点を置き、経験や態度がどのように私たちを作り上げるのかを重点としている。一方で、オフィシャル理論は、短期記憶における反復や努力を通して獲得できるものに焦点を置いている、または短期記憶と長期記憶の違いを混同してしまっているのが事実である。

そろそろ、オフィシャル理論がどのように始まり、どのように勢力を増したのかを分析する頃合いであろう。しかし、まずは、クラシックな観点に関して私がこれまで述べてきたことに対する反論に答えておきたいと思う。

クラシックな観点における学びに対するよくある反論

① 学びは自然で途切れないものであるとおっしゃいますが、私は数学（または音楽、外国語、〇〇〔丸の部分に自分にあてはまるものを入れて下さい〕）を学ぶのに何年も苦しんでいます。誰よりもやる気があり、キャリア指向で、勤勉であるはずなのに、学ぶことはいつもごくわずかで一時的です。絶対にクラシックの観点は間違っていて、オフィシャル理論の方が正しいと思います。

あなたの反論は、オフィシャル理論が間違っていることを証明しています。数年間の無駄な努力が、「勤勉さとやる気だけが学びを保証するわけではない」と実証しているのです。それは、学びは行われておらず、ごくわずかの一時的記憶だけが行われたというサインです。学びが努力なしに行われるには、クラブの一員でなくてはなりません。もしあなたがクラブメンバーでなければ、どれだけ頑張っても、何度やってみようとしても、ただ苛立ってしまうだけです。実際は、成功せずにいながら頑張って学ぶほど、自分はクラブには所属しておらず、これからもそうなることはないと納得する確率が高くなってしまいます。そして、自分に「私はただ数学的じゃないだけ」または「私は言語の耳を持っていない」などと言い聞かせてしまうのですが、これはクラブから除外された結果を、学べない原因だと混同してしまっているのです。

しかし、たとえ長い間適切なクラブのメンバーであっても、必ず要求に応じて学ぶことができるとはいえません。誰にとっても学ぶのが難しい内容のものは現に存在し、各分野の専門家でさえ、その分野における新しい題材や情報に対して厄介であると感じる可能性も大いにあります（特に専門的な記事がわかりにくく書かれていた時など）。学ぶのに時間を要することも多くあります。クラシックの観点でさえ、どんなに好都合な状況であっても、すべてを迅速に学ぶことができるとは断定していません。学びが閉鎖されたと感じる時、問題は学び自体にあるのではなく、学んでいる題材を理解することにあります。難しさというのは、意味をなさないものと付随します。学びたいことの意味をしっかり理解すれば（できれば他の人や著者の助けを借りながら）、次第に学び自体が自ら処理していくようになります。学ぶための苦悩は（あなたがクラブメンバーであれば）、理解するための苦悩です。

この「理解」以外にも、もう一つ忘れてはならない要因が存在します。それは、自信です。自分の学ぶ能力に自信がなければ、何も学びたいことを学べません。自信の不足は、不安を高め、学びへの不適切な対処法を誘導し（例えば丸暗記のように）、そうしなければ理解できていたことを混乱するものへと変えてしまいます。

学びのオフィシャル理論は、「何かを理解するために何かを学ばなければならない」と主張しています。もう一度いいますが、これは完全に事実とは正反対の理論です。私たちは、「何かを学ぶために、何かを理解しなければならない」のです。「意味」を理解しなければいけません。さらに、知っていること・興味を持っていること・物事に対する理解の仕方は個人によって異なるため、オフィシャル理論が、理解を通して学びに対処する方法は一つもないのです。

② 一度「クラブのメンバーではない」ということを学んでしまうと、私自身（そして一緒に勉強している他の学習者たち）には望みがないと主張されているようですが、これを克服できる可能性はありますか？

難しいですが、不可能ではありません。特に、クラブに加入しようとして失敗してしまった経験がない場合には、より容易に克服できるでしょう。誰かが彼らにクラブ活動を紹介し、加入のサポートをすればよいのです。比較的熟年になってから興味や娯楽を始めるのはよくある話ですが、それも同様の方法で行われます。熱心な愛好者が私たちにクラブ活動について教えてくれ、参加する手助けをします。しかし、長い間除外されていたクラブのメンバーシップを得るとなると話は別です。そのクラブのメンバーシップを得ることは不可能である、または価値がないと学んでしまった後の話ですから。思い出してください。私たちは常に自分にベストなことを学んでいるわけではなく、一度学んでしまったことを意図的に忘れることは不可能で、特にそれが自分のアイデンティティに関与することであればなおさらです。一度、あることができないと学んでしまったり、あるタイプの人間ではないということを学んだりすると、どれだけエネルギーを多く費やしても、他の人がどれだけ強く勧めても、成功することは少ないでしょう。心理療法が必要なのです。

おもしろおかしくするためにいっているのではありません。人間の心に深く根付いている自己像を変えるということは、スローガン・願望・理由・常識などを通して成し遂げられるようなものではないのです。それを成し遂げるには、特別な技術と忍耐力、そして強い根気が必要です。しかし、可能ではあります。特に難しい例を挙げてみましょう。「読む能力に問題がある」という不名誉を与えられて学校を退学した若者たちがいます。彼らは、「読み書きは自分たちには無理だ」と確信してしまっており、その時点で、もう興味というものを持っていないのです。誤った教育者たちは、この若者たちを、さらに多くのドリル・練習問題・テストを受けさせることで「治療」しようとするでしょう。つまり、約一〇年以上も間違った方向へと向かっていたことの量をさらに増やしてしまいます。時には、さらに濃縮された投与量によって、さらなる失意と敵対心を生み出してしまうこともあります。

しかし、私がこれまで出会った教育者たちは、もう少し曖昧な対処法を用い、二つの方法でこれに介入します。まずは、学習者の自己像に焦点を置きます。一〇年間の学校の読み書き指導から「落第した」生徒たちは、自分たちが読み書きをできないこと、そうしたくもするつもりもないこと、そして自分たちは「ばか」だということを「学んでいる」のです。彼らにはまず、「前述したことは何一つとして真実ではなく、他の皆と同じぐらい優秀である（価値がある）」ということを知ってもらわなければなりません。さらに、彼らは読み書きに関して膨大な知識を持っているということも。これらは、親密な人間関係がある上でのスキルや感受性がないと達成されうることはないのです。次の段階の介入は、学習者を読み書きクラブのメンバーにさせることです。これには、学習者が理解でき、興味を持ち、信頼が構築されるような活動に従事させ、彼らが読みたいことを読んで、書きたいことを書く手助けをする人を探す必要があります。

③　あなたの議論は、特定の中流階級の子どもたちにだけ当てはまるものではないでしょうか。貧困層や少数派の子どもたちに教える場合は、もっと難しいものだと思います。

教えることというのは、多くの場合、難しいものです。これは、人びとが本質的に学ぶ能力に欠けているからではなく、学びには常に背景が存在し、個人の社会的歴史や現状が、特定のことを学ぶことができるかどうかに圧倒的な影響を持つからです。人びとは、学ぶべきではないことが存在することを学んで（または教えられて）います。つまり、不適切な学びの方法を学んで（教えられて）いるのです。自分たちの学ぶ能力に自信を持たないことを学んで（教えられて）います。

これらのことは、学校で学んだことを評価する基準としてみなされている「テスト」で計ることができるものではありません。学ぶのに多くの時間や固い決意を要するからといって、それが必ずしも彼らが「過去に何も学んでいない」ということを意味するわけではないのです。それは、学びの歴史を証明するものです。「学び方」というのは、社会的・経済的状況によって変わるものではありません。しかし、私たちが「何を学ぶか」というのは（また、それぞれのことを学ぶ難易度は）状況によって常に異なるのです。学校教育、そして学校外での状況がいわゆる「abused learner（心に傷を負った学習者）」を生む結果につながるかもしれません。このような生徒の自信や夢を取り戻し、数年にわたる社会的・知的差別を埋め合わせるのは、そう簡単ではありません。数年にわたる絶望・無関心・怒りを埋め合わせるのは、そう簡単ではありません。それでも、敏感で、献身的で、忍耐強い多くの教師たちが（公的であれ私的であれ）、生徒たちに自尊心と価値のある学びを取り戻させることに成功しています。そしてこれは、オフィシャル理論を適用して行ったのではなく、それを否定して行った結果なのです。

④　掛け算表、化学の周期表、（医療系の学生であれば）身体の各部の名称などのように、丸暗記

でしか覚えられないこともあるのではないでしょうか。

場合によってはあるかもしれません。しかし、それらは遅い速度で学ばれ、急速に忘れられる運命にあるでしょう。ただし、すでに所有している知識の枠組みに付随されれば、つまり、理解できるように頭に入れることができれば、大丈夫です。不定量の学びを頭に入れ、長期間保つには基本的に二つの方法があります。どちらの方法も、学問としての心理学にもポピュラー心理学にも広く知れわたっていますが、教師にはあまり明確に知られていません。

達成のための一つ目の方法（またの名を「儀式的な学び」）は、「リズム」を通じて行うこと、簡単にいえば、「学びの題材に音楽を作る」ことです。掛け算表は、「ににんがし、にさんがろく、にしがはち……」というように、歌を作ることで最も簡単に覚えることができます。人間は音楽と深いつながりを持つと考えられています。歌の歌詞を覚えられない時でも、メロディーは覚えているというようなことがあるのではないでしょうか（最終的にメロディーがわかれば記憶が呼び起こされることが多いのですが）。時には、メロディーが頭から離れないこともあるでしょう。音楽、とりわけリズムや拍というのは、私たちにとって意味をなすものであり、それがなければ即座に忘れられてしまう言葉たちを脳に保持してくれるのです。

ナンセンスを覚えるもう一つの方法は、「簡略記憶記号」を利用すること、つまり学んだり覚えたりするのが難しい事項に、何らかの形で意味を持たせることです。例として、音楽科でト音記号表記法であるEGBDFを覚えるのに、英語で"Every Good Boy Deserves Favors."（または類似のもの）と覚えることが挙げられます。私たちが人生で学んだことのほとんどは、おそらく簡略記憶記号を利用したものや、すでに知っていることと関連性を持つこと、覚えているもので頭の中でイメージを作れるものによるものなのです。実は、何かを覚えるために作ったフレーズやイメージが普通とはかけ離れているほど、人間はその関連性を覚える傾向があります。人間の脳は、ナンセンスを急速に排除してしまう一方で、独特で珍しい記憶は手放さないのです。

このように、私たちは、音楽と記号を使うことで学ぼうとしていることに意味を見いだし、すでに知っていることと関連付けようと工夫するのです。しかし、この「関連性」というのは、個人によって特異性を持つものです。あなたにとって楽しくて記憶に残るものでも、私にとっては特に印象に残るものでもない可能性があるので、この「関連性」は常にそれぞれの個人専用にオーダーメード（本人が行うことが望ましい）される必要があるのです。それを証明するかのように、学びのオフィシャル理論における操作的テクニックには音楽も記号も含まれていません。

⑤　仲間（時間を共にする人・もの）から学ぶ時に忘れることはないとおっしゃっていますが、私は日常のことである名前・電話番号・綴り・駐車した場所などを頻繁に忘れてしまいます。これ

はどのように起こるか説明してもらえますか？

これは、一部は短期記憶・長期記憶に関連している問題です。私たちは、短期記憶に詰め込んだ時に何かを学んだと思っているのですが、昨夜のパーティーの時に注目されていた人の名前や、昨夜観た映画などが明朝には完全にアクセスできないものとなっていることがあります。電話すると約束して覚えた電話番号も、メモを取らずに長期記憶へと委ねられたはずなのですが、容赦なく記憶から消え去ってしまいます。

とはいえ、多くの場合は、問題は長期記憶のアクセスの難易度にあります。長期記憶から何かを取り出す時の難易度は、それが埋め込まれている記憶回路網の豊かさやその時点での関連性によって異なります。名前や番号のような偶発的な事項は、人間にとって特に複雑な意味を持つことはない可能性が高く、今の担当歯科医の名前や自分の電話番号などのように直接の関連性がない限りは、取り戻すことがとても難しいのです。それらが過去のものとなると、例えば別の歯科医の名前や新しい電話番号に「代替されて」しまうと、その時点での関連性を失ってしまうため、記憶を取り戻すのが不可能、でなければ難しくなってしまいます。それらを失ってこそいないかもしれませんが、うまく隠されているということになります。

例えば数日間空港の駐車場に駐車しておいた車の場所のように、心に保存しているイメージにおいても、同様のことが当てはまります。車を取りに戻る時には（たいてい）車を駐車した場所を覚えており、記憶を取り戻すことができるものの、数週間後にはおそらくその場所を思い出すことは不可能に近いでしょう。奇妙なことではありますが、スーパーや職場付近（決まった駐車場を所有していない場合）に車を駐車することのように、日常的に行っていることほど覚えるのがとても難しくなります。ある日は他の日と同じようなもの、ある駐車場も他の駐車場と同じようなものなのです。たとえ今朝駐車した場所を、長期記憶に入るほど十分に記憶していたとしても、過去数週間、数か月間に蓄積された他のすべての記憶の中に埋もれて、それだけは忘れてしまうという可能性があります。たいていは、普通でないことや予測不可能なことを覚える方が、日常の出来事を覚えるよりもずっと容易で、さらにそれを思い出すとなると確実に差が大きくなります。

また、綴りの問題は、簡単なことを思い出すのに、自分を間違った状況に置いてしまうことがたいていの原因です。私たちは、その綴りがまるで長期記憶ではなく短期記憶に置かれているかのように認知して、その綴りを意識へ持っていこうとする状況へ自分自身を置く、または置かれるのです。人間は、リラックスしている状態で、正しい記憶が戻って来るようにすれば、うまく思い出すことできます。しかし、それらを無理矢理思い出そうとすると、誤った綴りまで引き出してしまい、私たちを混乱させている綴りと正しい綴りを区別することができなくなってしまいます。

第三章 学びと忘れのオフィシャル理論

6. 伝統的な知恵の土台を崩す

本来、学びというのは、努力せずとも、継続的・永久的に、楽しく行うことができるものだが、理解や興味、自信が欠落していては不可能となる。これが学びと忘れにおけるクラシックな考え方だ。自分や他人がしていることに興味があり、必要な手助けを十分に得ることができれば、私たちは何の努力をせずともスムーズに学ぶことができる。この理論は、普段考えることはほとんどないが、人間が暗黙のうちに心得ていることである。そして、普段考えることがないのは、このような学びは意図的な注意をひかないためである。

それでは、「学びは難しく、散発的であり、たいていの場合効果もない。さらに、学びが永続的であることはまれである（にもかかわらず楽しいものだ）」と主張するオフィシャル理論は、なぜ教育分野や私たちの人生において驚くほど支持されているのだろうか。なぜ私たちは、「学びは単純に努力と欲望の問題である」という理論をこれほどまでに信じているのだろうか。そもそも、そんな危険で間違った理論が、どのような過程を経て実現に至ったのだろうか。

元々、オフィシャル理論は昔から多大な影響力を持ち、全世界共通であったというわけではない。時折、「基本に戻る」または「伝統的な価値と方法を取り戻す」という理由で、「子どもたちは、体系的な方法で計画に沿って学び、練習問題やテスト、時には不適切な褒美も必要である」と述べる人びとがいる。彼らは、まるでオフィシャル理論は昔からずっと存在していたものであり、最近になってクラシックな観点を反映した「流行りの」方法によってその立場が脅かされているかのように話を進めている。

しかし、オフィシャル理論は比較的新しい理論である。その歴史は一〇〇年にも満たず、それも、意図的に発明されたからこそ持てた歴史である。オフィシャル理論は、誰かが気付いたことでも何でもない。発見されたともいえない。それは、誰かの単なる「アイディアの発想」にすぎなかったのだ。

それまでの数千年間、教育が世界に存在していた間（ということは、人類が存在していた間ということになるだろう)、学びの理論は一つだけ存在し、それは万人に共通するものだった。その理論は、「仲間(時を共にする人・もの)から学ぶ」というクラシックな観点を基本とした解釈だった。もし自分の子どもをあるタイプの人間に育てたいのであれば、子どもをそのタイプの仲間がいる環境に置く。そしてもし自分の子どもにあるタイプの人間になってほしくなければ、その類の仲間に入らせないよう、できることは何でもする。

「丸暗記は存在しない」といっているわけではない。歴史的・地理的・数学的事項やアルファベットなどのありとあらゆる事柄を「詰め込む」、または詰め込まれる(そして詰め込むよう期待される)ことから逃れたことがある生徒はほとんどいない。返ってくるのは乏しい結果であるにもかかわらず、丸暗記は、長い間、両親の間で、教室で、そして専門的な「塾」においても「美徳」とみなされてきた。そしてこの「塾」の多くは、公教育に付随する営利目的事業として今日も生き残っている。しかし、学習者にとって、丸暗記はある種の儀式(ほぼ懺悔に等しい)で、勉強熱心であることの証拠であり、学習者を静かにさせる手段であると考えられた。この「暗記」と「どのような人間になるか」に関連性を見いだした人は誰一人いなかった。

学習者のコミュニティ

私たちは、自分たちが学ぶべきことを実際に行っている人びとが属するコミュニティの中で学ぶ。

それが常識で、教育においても浸透していた信念であった。自分の子どもに農場で働いてほしければ、できるだけ早い段階でその環境下に置く。自分の子どもに釣りで生計を立ててほしければ、海に行かせる。自分の子どもに宗教的な職業に就いてほしければ、女子修道院または男子修道院に行かせる。そして音楽家になってほしければ、音楽学校にやるか、音楽家に弟子入りさせる。この師弟制度は、クラシックな観点において一般に広く認められていた考え方である。人びとがお金を貯めていたのは、自分の子どもたちに、特定の商業や工芸にかかわる人びとがいる環境で働くという特権を持たせるためであったといっても過言ではない。

大学もそれに従った。大学は、ある種の人生を教える学者たちが、若者たちを「従うべき規律」へと受け入れることを許したコミュニティであった。中でも立派だとされていた大学に関しては、実際の貴族や貴族になりたい人びとが、「貴重な教育を受けさせるため」という理由ではなく、「すでにその大学にいる貴族の息子たちのようにならせるため」という理由で自分の子どもをその大学に行かせていた。

たとえ資本主義による経済的需要や産業革命の精神によって支配された教育が「浸透」し、義務的になっても、結局は「人びとは仲間（時間を共にする人・もの）から学ぶ」という原則の下で教育が行われた。昔よくあった一教室だけの校舎は、同じコミュニティ内の同じ社会階層に属する、さまざまな年齢の生徒たちであふれていた。彼らは、少しでも違うことを行う人との接触からは離され、まったく汚染されていない状態だった。教師も同等の社会階層から引き抜かれた。当時、教師とは大したスキルを要さない低賃金の職業であり、大部分が女性に与えられるような職業であった。生徒はすでに人生において定められた役割にとどまることがほぼ決まっており、そのためにさほどの有益なスキルは要されないため、当時の教育は生徒に役立つ知識や野心を与えることを目的としているわけではなかった（同様の美徳を促進するために、聖人ぶった教科書やモットーが読み物として採用された）。

そのため、教師の主な責任といえば、幅広い世代の子どもたちに、混み合っている教室内で秩序を守らせながら、読み・書き・計算の基礎を植え付けることであった。その教育方法に関する訓練を受けていないため、教師は年長の生徒たちに協力者として助けを求め、年少の生徒たちが最低限の基礎を学べたかどうかを確かめる他に方法はなかった。そこには、奇抜なことや不自然なことは何もなかった。学校外ではいつも年長の生徒が年少の生徒に教えていたのだから。助けることができる者が助けを必要としている者を助ける、これが繁栄しているコミュニティの基本法則である。

それでも、どの側面を見ても、たった一つの教室を持つ校舎やその教育が模範的であると主張する人はいないだろう。しかし、そこには学びに対するクラシックな考え方を原則とした慣習が存在していた。年上の子どもが年下の子どもを助け、今度は年下の子どもたちがその後に入って来る子どもを助ける。賢い生徒であれば、その場で教師にすらなれたかもしれない。それはまさに、外の世界のままであった。たまたま素晴らしい教師ややる気のある教師でもいない限り、このような制度から何か大きな結果が生まれるわけではなかったが、同時にさほど大きな結果は期待されていなかった。若者たちは、同種のコミュニティ内の教師から教育を受け、両親がたどった人生と同様の人生をたどるために、同様の農業・産業などの環境に適応できるよう社会化することだけが期待されていた。

一九世紀の教育は、たとえ最高峰だとみなされていた学校においても理想的だったとはいえない。大部分の生徒にとって、学びとは「過密で不衛生な環境下において肉体の酷使によって強要される、不十分な教材のうわべだけの詰め込み」であった。しかし、だからといって一九世紀半ば以降に導入された「変化」は、決して学びを自由にするものではなかった。むしろ、反対であろう。それは、組織で行う新しい儀式の制度化と、教育分野からかけ離れた場所から実行されたコントロールであった。

初めての大きな社会的変化

クラシックな観点では、「学びは社会的活動である」とみなされる。私たちは、仲間（時を共にする人・もの）から学ぶ。教育において「違いを生み出す変化」といえば、良くも悪くも、社会的風土または学校体制における変化、つまりは人びとが互いにどう関係しているかにかかわる変化である。それ以外はすべてが表面的で不適切なものだった。

教師と生徒の関係は、重大な変化を生む可能性を持っている。そして、過去一五〇年間の教育の歴史の中で、教師・生徒間の人間関係は繰り返し変化し、最終的には彼らの間に個人的な人間関係がまったく存在しない所まで来てしまった。

一五〇年前には、学びのオフィシャル理論は認識されてはいなかったのだが、その理論をとてもなく恐ろしいものに作り上げる条件の基礎となるものはすでに眠っていた。教師・生徒間の関係の土台崩しは、一教室だけの校舎ですでに始まっていたのである。

その変化への言い訳は（現在もそうであるが）、外部のどこかの権力者たちにいわせれば、「効率性」であった。権力者たちは、「生徒は学校にいる間、あまり多くのことを学んでいない」と考えた。生徒はただ好きなことをしているだけで、教師は彼らをうまく管理できていないという見方をしていた。「組織化」が完全に不足していたのである。そしてこの「組織化」が、一九世紀の西欧の産業化を軌道に乗せたものであった。この時代は、管理（マネジメント）、つまり科学やテクノロジーにおける図面がどんな問題も解決するとされていた時代だった。

そこで、学校（また教師と生徒）がどうあるべきであるかを探った末、ついに方法が見つかったのだ。その模範は、ヨーロッパで最も強力である戦闘用機械であった「プロシア軍」以外の何ものでもなかった。

プロシアとのつながり

当時、軍隊の多くは暴徒で、特定の戦闘・戦争のためだけに雇用または徴兵されていた時代であった。指導・食事・給料・訓練は何一つとして十分ではなく、行儀も悪く、反抗的で、役に立たない存在のまだら模様の服を着た集団であるとされていた。しかし、例外があった。それは、専門の軍隊を持ち、専門の訓練を受け、群を抜いて成功を収めていた「プロシア」であった。

プロシア軍において、練兵場や戦場で間違いを犯す兵士は一人もいなかった。彼らは、一つの団体として着飾り、一つの団体として動き、一つの団体としてみなされ、区別がつかずに見る人皆を混乱させたほどである。当時、最高の訓練を受けていた最も効率的な軍隊であり、ヨーロッパや北米の学校が生み出したものとは完全に反対のものだった。

では、プロシア軍はどのようにしてその地位に達成したのか。答えは、「機械的な標準化と細部にわたる注意力」である。雇用を担当する役員は、手元にいるような人材を雇って、多少経験のある軍隊の中に投げ入れ、武器と励ましの言葉だけを与え「頑張れ」と見送ったわけではない。同様の年齢・身長・体重・経験を持つ新兵を選び抜き、各兵舎に入れ、無情な訓練や演習を受けさせ、できなかった者は排除し、最終的に標準化され、予測通りに動く、信頼できる製品を作り上げた。これがプロシア軍である。

これこそが、一教室の校舎を襲った軍国主義のモデルであった。厳密にいうと、実際に学校に入って来たものは「壁（というよりはバリケード）」だった。それ以降、生徒が同じ教室で学ぶことはなく、代わりに年齢と能力によってグループ分けされ、卒業するまでは全員同じ方法で扱われ、共に学ぶべきだとされた。そして卒業後に完成するのは、標準化され、予測通りに動く、信頼できる製品であった。現在でも教育はこの基礎モデルに従い、異なる経験や能力を持つ可能性がある生徒を分別しており、それは幼稚園から大学まで続く（大学に関しては、学部生と大学院生が分別され、異なる扱いを受けるように）。

生産指向・テクノロジー指向の一九世紀半ばにおいて、このような方法に対して疑問点は何もなかった。まったく同じモデルが工場においても導入され、繰り返される機械操作に従属した労働者たちの精神や身体が酷使された。そしてまったく同じモデルが農業においても導入され、家畜は監禁納屋で生涯を過ごし、鶏たちは「鶏舎」と呼ばれる場所に閉じ込められた。原料を一端に置き、まったく同じように扱えば、もう一端には予定通りに標準化された製品が作られるというわけだ。

現代教育理論における軍国主義的な起源の名残は、今日使われている言葉にも数多く生き残っている。例を挙げると、資金の「配置」、教員の「採用」、生徒の「募集」、生徒の「進級」、「退学」、上級学年への「進級」、学習者のための「ドリル」、教師のための「戦略」「統一試験」、言葉を「使いこなす」スキル、「到達目標」「強化」「コホート（集団）」、数学の成績を上げるための「セミナー」、読み書き能力戦争などが挙げられる。これらの言葉が自然に聞こえ、完全に聞き慣れてしまっているという事実こそが、教育における軍国主義的な考え方の陰湿な潜入を明確に立証している。

一教室の校舎の時代は、新しい壁やドアの追加・言葉の変化・新しいメタファーの導入などによって簡単に終わらせられたわけではない。より巨大で永続的な変化が、学校の社会構造において起こったのである。現在も「能力別クラス編成」と呼ばれているこの方法は、実際に未経験さや無能さによって分別を行うことを意味し、これはまるで生徒同士が助け合い、お互いから学ぶことを不可能にさせることを目的としているようなものである。これによって教師は新しい重荷を背負うことになる。教師一人が、二〇〜三〇人の比較的無力で誰にも頼れない生徒たちに対して、完全に責任を負わなければならなくなった。

ここで初めて、生徒たちは「仲間（他の生徒）に『ついていく』」という問題に直面し、そうでなければ「遅れている」という汚名を着せられた。「留年させられる」ことに文句を言う生徒もいただろう。極めて大きな変化である。

至って無意味な部分分けがなされたのは、物理的な学校体制だけではなかった。時間までも分けられるようになったのである。授業日は格子状の「コマ」に分けられ、区分されたそれぞれの学びの時間に充てられた。そして、生徒にとって何かを学ぶことが困難であればあるほど、支離滅裂な課題を与えられる傾向があった。これらは生徒にとって学びをより簡単にするという目的の下に与えられたものであったが、結果的に学びをより難しくしてしまった。「体系的な指導」は、「体系的な経験のはく奪」であった。

これらは今日でも継続されている。教師と生徒が困難を感じるほど、より多くの時間・空間・題材の分裂を強要された。こうなると、多くの教師が、世界中の人びとが当然だと思っていたことを信じ始めたのは無理もない。「分けることは良いことである」という理論である。大学勤務時の同僚が、私が大学院のセミナー「リーディングの基礎」においてライティングについての話をしていたことを知ると、文句を言ってきたことがあった。「ライティングを教えるのは私の仕事だ」と抗議してきた。「私は学生にリーディングは教えない。それは君の仕事だからだよ。私の仕事は私にやらせてくれ」。彼の脳内では、リーディングとライティングは異なるカテゴリーのものだったのだ。たとえ実生活でこの二つがどれだけ密接に一体化しているものであっても。

非難の対象

学校の物理的・社会的体制の再建は、期待されていたほど劇的な結果を生むことはできなかった。プロシア軍ではうまく機能していたことが、学校ではうまくいかなかったのである。誰かに過失があるに違いない。その批判的な目は、教育革命が起こると過去も現在も非難される人物に向けられた。教師である。

一九世紀半ばまで、良い教育というのは芸術であると考えられていた。効果を上げる教師は一握りであり、特定の技術を駆使する者は良い教師ではないとされた。しかし、こうなってしまった今、それも変えられなければならなかった。科学が人類に立ちはだかるすべての問題を解決してきた（またはそうなるはずだった）のだから、もちろん教育における問題も解決できるはずだ。これからの教育は、未経験者の感受性や創造性による芸術ではなく、専門家たちがコントロールできる「科学」にしよう。

学びのオフィシャル理論の土台の出来上がりである。

7. 学びの理論の加工

教育が科学になるには、かなりの障害が克服されなければならなかった。

科学であるには、測定や比較を行うことを必要とする実験ができる環境が作られなければならなかった。そして測定を行うには、数えることができるものが必要だ。そうなると、勉強するものすべてに「単位」（例えばメートル・リットル・キログラム・度・ボルトなど）が不可欠である。それなら、教えることや学ぶことの単位はどのようなものであろう。どのようにすれば学びの「科学的」理論が成立するだろうか。

不運な歴史的偶然から、この問題は解決された。ちょうど教育が学びの科学的理論を探し始めたところ、実験心理学がそれを見つけたのである。少しおかしく思えるかもしれないが、心理学の実験室において教育界があることにひらめいた。

「少しおかしく思えるかもしれないが」と言ったが、今の人びとは「心理学的理論が教育を支配すべきだ」と当然のように考えられる現状に慣れすぎている。心理学者の中には、自分は学びが行われる状況を理解している専門家であると信じていることから、教育は自分の領域であると主張する者が多い。今日では、動物の研究をしていようと、実験室での研究や、機能障害行動、コンピュータ上での「人工知能」の発達（ちなみに、これは日常的に教師がどう振る舞うべきかの基礎として使用される）の研究をしていようと、なぜ他の誰でもなく心理学者が、人間の学びという本質的な行動に関して強い権力を持つべきなのかと疑問に思う人はほとんどいない。

教育は、心理学だけを選び、それを人間の学びにおける知恵の根源としたが、その必要はあったのだろうか。教育学は、人類学を参考にすることもできた。人類学においては、「どんな文化背景を持つ若者でも、自分より年上の人びととの同一化や協力を通して学ぶ」という確立した理論がある。文学を参考にすることもできた。文学において、「人びとは読書をする時に刺激的な発想や模範に出会うことで学ぶ」という筋の通った理論もある。農業にでさえ目を向けることができたかもしれない。農業では「有益な栄養物と環境が自然に供給された時に成長が起こる」という理論が存在する。実際、これらの理論は、それぞれの領域においてはもちろんだが、一般的な人間の学びにおいても的確なものである。それでもそれらが受け入れられないのは、たった一つの科学的な必須構成要素に欠けているからであった。すなわち、識別や定量化が可能な「単位」がなかったのだ。

問題を探究する中で発見した解決策

一方、心理学界では心理学を使って測定することができる何か、つまり測定することで解決できる問題を必死に模索していた。一九世紀半ば、心理学は混乱と変化の時期を経験しており、心理学という学問を芸術というより科学とみなし、社会的地位を持つ学問の領域として確立させようとしていた。心理学の先祖である生理学と哲学は、説明的なものと内省的なものの組み合わせであり、どちらも科学の確立とはほど遠いものだった。当時、心理学は主に人間の感情の性質を扱う豊かで複雑な教科であると考えられており、測定や実験を扱うようなものではなかった。

そんな時、心理学は二つの目覚ましい成功を収め、その結果が今日の「科学的な」実験心理学を支配することとなった。一つ目は、哲学者を数百年間にわたって悩ませていた理論的な謎である「感覚と知覚の関係」を心理学が解決したことである。基本的に、この問題は感覚（何かが起こったと「感じる」時）と知覚（何かが起こったと「認識する」時）のどちらが先に起こるかに関係していた。私たちは、先に出来事の身体的感覚を得てから、起こったことの知覚を構築するために分析を始めるのか。例えば、「これは犬だ」と言う前に特定の姿を認識していなければならないのか。

特定の事項の心的イメージを持つことなく「生の」感覚を得ることは不可能なのであろうか。

この難問は、ストップウォッチの使用によって一瞬で処理された。そこでは、いたって簡素な装置と実験手順が用意され、人びとが何かが起こった・何かを見た・聞いたと報告するまでにどれほどの時間を要するか、そして実際に何が起こった・何を見た・聞いたかを報告するまでにどれほどの時間を要するかが測定された。あらゆる種類の判断力が研究され、その後も研究は続いた。色・形・音をどれほどの速度で認識・区別ができるかということから、どれほど的確に距離・温度変化・そして肌に刺さった二つの針を区別できるかということまで多岐にわたった。「精神物理学」という科学の誕生である。その後数十年は、研究者は、白衣を着てストップウォッチと計算尺を持って歩いていなければ自分たちを心理学者だとは呼べなかった。もちろん、現代ではすべての実験や計算はコンピュータによって処理されている。

心理学のもう一つの偉大な成功は（成長産業という意味ではより偉大であろう）、「学び」に関係するものであった。学びの測定法の発見は、教育学と心理学両方の地位に変化をもたらした。以前は、大して焦点を置くべきではないと考えられていた学びが（なぜなら仲間から学ぶということは周知の事実だったため）、学問的な心理学の中心となった。これまでの人間の感情に対する関心は脇に押しやられた。

何らかの手段で計算・測定ができるような心理学の側面は「科学的」で、学問的に立派であるとされ、残りは疑わしく主観的なもので、「臨床心理学」または「異常心理学」という領域に格下げされた。これは、現在でも続いている議論であり、二つの心理学（実験心理学と臨床心理学）の提案者は、互いを忌み嫌い、それぞれの専門的組織の支配をめぐって論争を続けている。教育においては、人間の感情を含む問題はすべて「特殊教育」の領域となった。感情が学習の邪魔をしているような生徒は、「障害を持った」または「不安定な」生徒であるとみなされた。

無意味な発見

表面だけを見ると、「学びを測定する方法を発見するなんて非現実的だ」と思うかもしれない。学んだからといって、体重が重くなるわけでもないし、頭が大きくなるわけでもない。脳の大きさが経験の範囲や知識の深さを表すわけではない。さらに、「学びの単位」としてはいったい何が適切なのだろうか。言葉だろうか、句だろうか、数学的な公式や歴史的日付、地理的事実であろうか、それとも身体的技術だろうか。さらに、もしこのうちのどれかであるならば、それらはどのようにして他の人びとと比較されうるのだろうか。

仮に独断的な判断が行われたとしても、どのようにして二人の生徒を比較するのだろうか。例えばこの判断が「各国の首都を学ぶ」という学びにおいて行われたとする。トムは世界中の多くの都市へ旅行したことがあり、聞いたらすぐに新しい名前と場所を覚える。タロウは一度も旅行をしたことがなく、違う国が存在するということすら認識できているか曖昧であり、首都の定義なんてもってのほかである。ジロウは単純にすべてにうんざりしていて、無意味な質問に答えることをただ不快に思っている。

このようにまったく異なる人びとを、学びにおけるさまざまな側面において比較することが、どうすれば可能であろうか。特に、学びを可能にする二つの事柄（クラシックな観点において）である「興味と経験」という点に関してはさらに難しいであろう。科学的な言語で表現すると、「興味と過去の経験は、実験を『汚染』し、結果を『無効』にする」。あるトピックや活動に関して強い興味や豊富な経験を持つ人が、他の人より学ぶのは当然の成り行きである。しかし、彼らが実験結果を崩してしまう。そこで生まれた考えが、「実験に必要なのは、『制御』（これもまた意義深い専門用語の一つである）であり、それによって全員の学びのタスクを基本的に同じものにする」というものである。

興味や経験の影響を受けない（受けていない）学びの題材を探すという問題は、解決が難しいとされていた（突然、不意にある人物によって解決されるまでは）。その人物は著名で、たいていの人は彼がいつどこでそれを発見したかまで知っているはずだ。彼は「実験心理学の父」と呼ばれており、教育界に長く残る重大な変化をもたらした人物である。彼の発見が事実上ユニークだったのは、何もない所から突然生まれ、たった一人で思いついたアイディアだとされていたからだ。先例のない考えだったのである（ということは、正当性が疑わしいのではないかと私は思うが）。その人物とは、ハーマン・エビングハウス（Hermann Ebbinghaus）という世界を飛び回っていた哲学者であった。エビングハウスは、普仏戦争において勝利を収めたプロシア軍で兵役に服した後、科学的方法論に大いに興味を持つようになった。一八八〇年代、ベルリン大学で哲学の講師を務めていた時に、「学び」と「忘れ」を研究するための科学的方法を発見したと発表した。

これこそが、エビングハウスによる「世界を変える大発見」であった。「人間が、興味や経験との関与を持たずに学ぶ方法を研究するには、ナンセンスを学ぶ方法を研究すべきだ」というのだ。確かに、人間は意味がわからないことには興味を持たないし、ナンセンスを学ぶのに過去の経験は何の役にも立たない。

エビングハウスの発明の偉大な点は、意味をなさない音節（つまり、誰にも意味がわからない短音）を作り上げたことであった。例えば、英語話者にとって WUG, DAX, VOG などの音節は何の意味もなさない新しい言葉である。人間の脳が本能的に出くわすものすべてに対して意味を理解しようとする性質を考慮に入れると、ナンセンスを構築することは容易なことではない。さらに、ある言語では何の意味も持たない音節も、別の言語では明確に理解できる単語であるかもしれないし、製品名と結び付くようなもの、または組織のイニシャルであるかもしれない。ともあれ、エビングハウスの推論によると、まったく意味をなさないものに出くわすと、人間は以下のような特殊な方法で学ぶ。

エビングハウスは、学びが科学的に研究されるべき方法を具体的に論証した。まず、一〇個ほどの意味をなさない事項をリストアップし（なぜならそれ以上であれば、人間の学べる容量を超えてしまうため）、そのリストにある事項を学ぶのにどれくらいの時間と反復が必要であるかを測定する。リストの事項を一度だけ見させ、何個思い出すことができるかをチェックする。次に、二度目のチャンスを与え、同様のことを行う。そして、すべての事項を正しく思い出すことができるまで続ける。エビングハウスが論じるには、それが終わると、学びの法則の代名詞ができ上がる。

驚くべきことに、この意味をなさない音節を発明してからというもの、エビングハウスは研究室に閉じ込もり、自分自身で実験を始めた。彼はそこで、合計二万三〇〇〇もの意味をなさない事項のリストを発案し、それらすべてを学ぶ（もしくは「記憶する」）のに多大な努力を費やした。間違いを犯すことなく、すべてを繰り返せるようになるまでに行った反復の回数、そして費やした時間を記録に残したのである。

すべてが終わると、眩しい日差しにまばたきをしながらこう言ったのである。「これが学びの法則だ」。図1をこれまでに見たことのある読者は多いだろう。縦軸は「学ばれた事項の数」を表し、横軸は「学べる可能性」（つまり、かかった時間またはリストを見た回数）を表している。結果を表す曲線は、常に同じものである。

図1の曲線は、以下のように解釈されうる。最初の二〜三個の事項は比較的速く学ばれるが、それ以降の事項を学ぶには徐々に長い時間が費やされ、一〇個以上になるとその曲線は平らになる。ということは、その地点に達するまでは、単純により多くの時間（またはさらなるやる気）を与えることによって、学習曲線を押し上げることができる。学習者はこの曲線のパターンを避けることは不可能である。それは、世界中におけるすべての世代・興味・経験を持つ人びとにあてはまるものである。なぜなら、その実験は適切に規制されており、リストにある事項は絶対的に意味をなさないものだったからだ（もしもリストアップされた事項が被験者にとって意味をなすものであれば、この学習曲線は予測不能な上昇［例えば、何も忘れずに一日に二〇語学ぶように］を見せ、実験は台無しになる）。

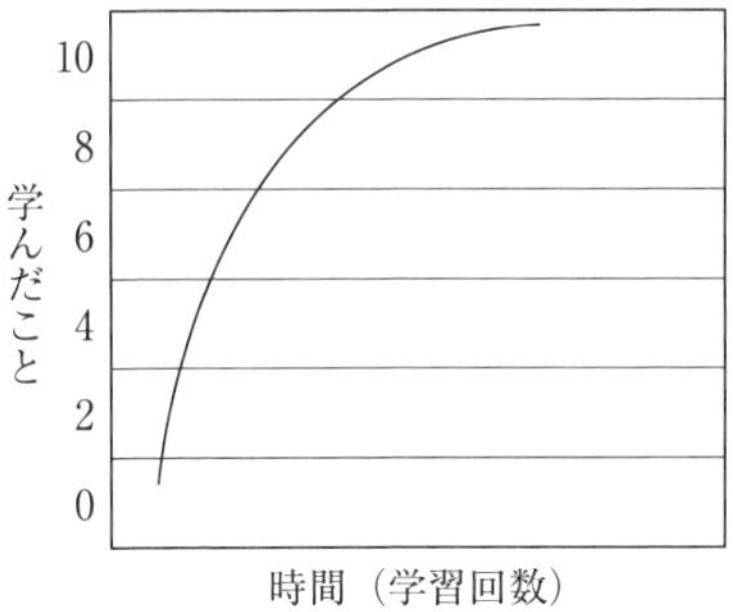

図1　「学び」の曲線

心理学は完全にこの理論を受け入れ、教育も後に続いた。この理論が、学びを「保証」し、その後公式に定説となった。課題に十分な時間取り組めば、誰でも何でも学ぶことができる。最初に教えなかったのならば、後で教えればよい。学習者のやる気が下がってきたのなら、激励と脅しでやる気を起こさせればよい。現代の教育理論家が述べているように、学びとは単純に「課題にかかる時間の効用」なのである。学びは努力の問題であり、学んでいないということは十分な期間・量を費やしていないということである。

二つの重大な落とし穴

科学的な学びの理論がもたらす利点と精度に目がくらみ、教育はエビングハウスの理論における重大な二つの側面を見落としていた。

一つ目の落とし穴は、その理論が「完全にナンセンスに基づいている」という事実だ。学びの「法則」によれば、学びが予測通りで反復可能な経路をたどるのは、ナンセンスを含み、かつ興味や理解がまったく存在しない時だけである。興味や理解が存在すれば、学びは不可避で努力を要さないものであるということだ。興味や理解が存在しなければ、学びは行われるかもしれないが、より困難になる。さらに、その課題や題材はおもしろくなく、理解不能で、通常では人間が達成できるものではないという事実を知ることも避けられないのである。

二つ目の落とし穴は（これは多くの教員研修で見落とされているのだが）、エビングハウスは自身の研究の中で「二つの」重大な発見をしたという事実である。一つは（ナンセンスのための）学びの法則、そしてもう一つが「忘れの法則」で、これは学びの法則と同じぐらい反論の余地のないものだった。一つのグラフに両方を描くと図2のようになる。

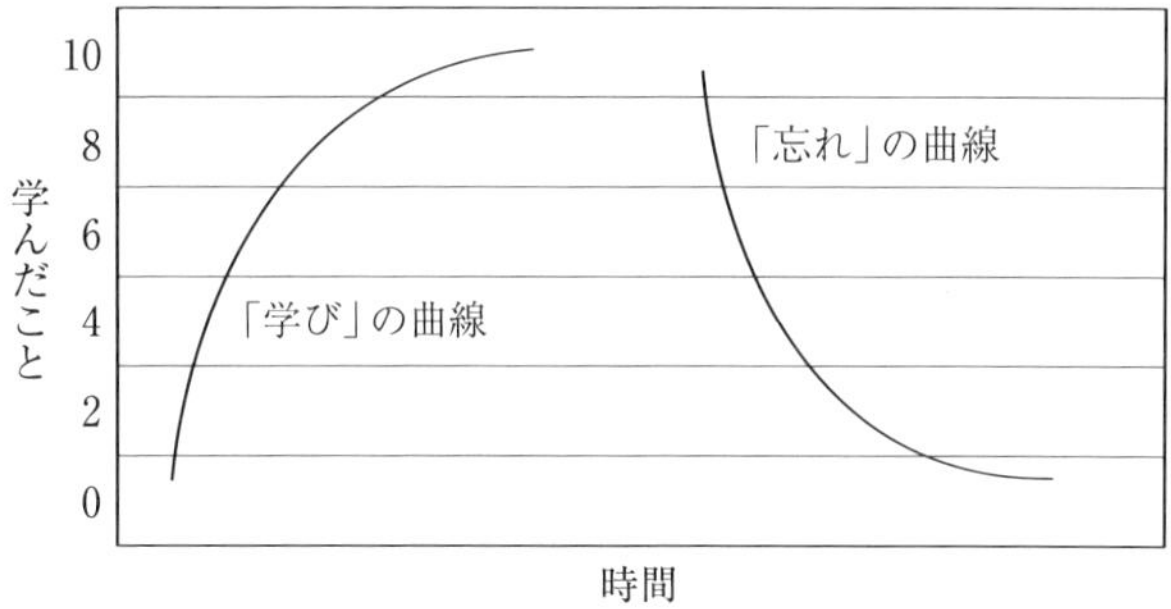

図２　「学び」の曲線と「忘れ」の曲線

エビングハウスは、「忘れることは不可避であり過酷である」ということを実証したのである。たいていの場合、「忘れ」は、最後の試験や復習が終わった後に起こり、私たちはこの事実を常識として知っている。試験前には莫大な量の事項や表を頭の中に詰め込むことができるが、試験が終わった瞬間に「忘れ」が始まるのを経験したことは誰しもあるだろう。

しかし、忘れの法則は、学びの法則と同様、ナンセンスにのみ適用される。意味をなすことはすべて継続的に発達し続ける人間の知識へと組み込まれ、失われることはない。私たちの一部になるのだ。

それでは、なぜ教育は無批判に心理学のゆがんだ「学びの法則」を導入したのだろうか。明確な答えとして挙げられるのは、教育分野外の影響力を持った人びと（政治家、官僚、専門家など）が、「学びの理論は科学的で、保証された結果が存在する」という事実に目をくらませてしまったからである。「教師や生徒の失敗は、体系化や努力の不足に起因する」と信じていた人びとにとって、科学的な学びの理論は捨てるわけにはいかないものだった。

しかし、実はその他にも重要な役割を果たしている原因があり、これは現在でも教育界において激しく議論がなされているトピックである。すなわち科学的な学びの理論は、「コントロール」という考え方を打ち出したのだ。実験室において、コントロールは不可欠である。「変化するもの」（例えば、被験者の個人的な違い）などがコントロールされていない実験は無効となる。研究者たちは、「一つの実験グループにいる人びと全員が同一の条件下にあり、まったく同様の処置を受ける」というルールに確実に従う。同一性を侵すものは存在してはならず、現在ではこの理論が科学的根拠として扱われ、社会的にも望ましいものだとされている。「厳格なコントロール」これこそが、教育界が実験室の理論から導入した重要な要素だった。

心理学が生み出した、ナンセンスに基づいた学びの理論が教育に導入されてから一〇〇年以上が経った現在でも、教師はコントロールを用いた（または構造化する）手法を指導に用いることを好む。それは同時に、教師が生徒の学ぶ能力を信じていないことを意味する。さらに重大なことに、教育分野外の人びとは、コントロールされた（または計画された）手法を用いた指導を好み、それは彼らが教師の教える能力を信じていないことを意味する。

このコントロールという側面は非常に勢力が大きかったことから、教育分野において影響力を持つ人びと（またはそうなりたい人びと）は重大なことを見逃してしまっていた。彼らは、オフィシャル理論の無意味な性質をもみ消し、それが「忘れ」の補足的理論であるということを忘れ、最終的には、学びのオフィシャル理論を効率的な学校を組織化する唯一の手段として推進したのである。

教室での大混乱

心理学に基づくいわゆる「科学的な」学びの理論の実験室から教室への導入がもたらした影響は非常に大きく、教師たちも実験者のように考え・行動するようになった。実際に、普通の教室の中で白衣を着た教師たちが写った当時の写真を見たことがある。指導の儀式が、生徒の感情や反応よりも重要視されるようになった。

最も顕著な変化は、教材と教室内での活動に現れた。本一冊や参加型の活動はなくなり、「リスト」が導入されたのである。まさに実験室で行われていたように、練習して暗記するための事項のリスト（たいてい一〇～一二個以下の事項）が生徒に渡された。そのリストは、一〇のつづり、一〇の定義、一〇の首都、一〇問の穴埋め問題、一〇問の足し算・掛け算の問題などのように、理にかなわない方法でリストアップされていた。そして、リストと共にやってくるのが「点数」で、それが生徒・教師・部外者などが生徒の評価をできる唯一の方法であった。人びとは、生徒の能力や興味について話すのをやめ、点数だけが話題の的となった。

また、点数（または成績）はそのまま捨ててしまうには価値がありすぎた。教師は点数を各生徒に配るだけではなく、「記録に残す」ように指示されたのである。この「成績記録」は、次第に教師の主要な職務内容の一つとなり、生徒の学歴や卒業後の世界にもついて回るもの（もしくは、破滅的にも生徒本人より先立つもの）となった。

学びのオフィシャル理論の適用は、教師・生徒間、さらには生徒同士の人間関係を破壊した。教師はもはや協力者ではなく、ガイドでさえもなくなった。教師は仕事を任された職員兼採点者となり、生徒と同じように、規格化された教育手順に拘束されていたのである。教師・生徒間の関係が、どんなに理想的であっても、教師が管理者となり、生徒は「失敗」の犠牲を払いながらもすべてに順応に従う原料となった。

そんな中、新手の犯罪が教室で行われるようになった。「不正行為」（いわゆるカンニング）が学びにおいて可能になったのだ。この「不正行為」には、きちんと学ばずに高得点を得ようとする側はもちろん、それを許し助けている側も含まれる。それまで学びの鍵であった「協力」は、世間から追いやられてしまった。生徒は互いに対する態度を変え、自分が身に付けた知識を腕の中に隠し持ちながら、個人学習によって競争を行った。

学びのオフィシャル理論は、急速に勢いを増し（しかし、付随するはずの「忘れの理論」は無視され）、特に「何か失敗が起こった時の原因は、オフィシャル理論ではなく教師にある」という原則が確立した後には大いに利用された（結局のところ、この理論は実験室でのみ証明された科学的なものなのである)。

そして、教育大学や教師育成の専門的な会議においても、教授など研究者たちがしきりに学びのオフィシャル理論を解説するようになった。「専門家」と呼ばれる人びとが、オフィシャル理論に基づいた教育法に関する著書を出版し、その利益を世間に宣伝した。政治家たちは、大規模な教師のコントロールを実施する言い訳としてこの理論を使った。さらに、出版社は考えられるすべての教科におけるワークブックや教育プログラムを世に出すことで教師を圧倒させ、それは商業出版の最大部門となり、専属市場を持った年商数千億円にものぼる産業となった。

学びのオフィシャル理論は、驚くほど急速にその触手を拡大し、人びとはそれを疑うこともなく、世界があるべき姿として当然のものだと考えていた。学びのクラシックな観点における「共通の認識」は追いやられてしまった。仲間から学ぶ可能性すらもなくなってしまった。なぜなら、そこには仲間はおらず、存在するのはドリルと課題だけだったからだ。代替案が口に出されることも、考えられることもなかった。生徒間の交流、または生徒と「部外者」との交流は学びの気を散らすものだとみなされた。

多数の子どもがオフィシャル理論下の汚染された環境で教育を受け、彼らが親または教師の世代になると、無意識に子どもたちを洗脳していった。人びとは、「実験室で被験者がナンセンスを記憶する時のように、意図的で、組織化された方法で作業をすることが学びを行う唯一の方法だ」という理論を信じ込んでいた。生徒が失敗すればするほど、学びはより難解になり、人びとはますますこの理論を信じるようになった。

心理学がもたらしたダブルパンチ

教育が学びのオフィシャル理論による攻撃から持ち直す可能性は、心理学による過酷な右フックによってかわされた。行動主義理論である。

要旨を説明すれば、行動主義は「すべての学びは、単純に習慣の体系である」と断定するものである。これらの習慣は、特定の「刺激」と特定の「反応」を結び付けているものであり、「強化」の結果として生み出されるものである。ここでいう「刺激」は、外部の出来事（例えば「ねこ」と書かれたカードを子どもが見せられること）で、「反応」はその刺激に対する反応（例えばその子どもが「ねこ」と言うこと）を指す。ここでの「強化」は、望まれている反応を予測可能にするもの（または、望まれていない反応を予測しにくくするもの）である。正の強化、つまり反応をより予測可能にすることは、何らかの褒美を与えることに値する。それは、空腹の動物に餌を与えることから、子どもに高得点・キャンディ・にこにこマークのスタンプを与えることなどさまざまである。このように「強化」がもたらす可能性が学びの唯一の動機であると考えられ、逆に、罰を与えることは望ましくない行動を抑制するものとして考えられた。

精巧な「連鎖的反応」の連続が、単純な反応を停止させ、複雑な行動（作文やコンピュータプログラミングなど）を生み出すとされた。さらに、念入りに計画された「強化スケジュール」は、強化が遅れた時や無期限に抑制された時でも、学びが起こることを促進するものであるとされた。強化がすべての習慣を構築し、瞬時の強化が欠如していても、学びが習慣化すると考えられた。

これらには、学習者側への考慮はまったく含まれていない。実際に、「考える」「望む」「期待する」「信じる」、そして「感じる」などの用語は、心理主義的な想像であると嘲笑される対象となった。行動主義者にとって、心などというものは存在せず、強化の「コンテンジェンシー理論」によって機械的に立証された、刺激と反応のつながり（または「反射」）だけが信用できるものであった。行動主義とは、外部からの全面的なコントロールの哲学である。行動主義が派生し、医療的にも利用された「行動変容」の理論が台頭してからは特に、行動主義は政治家や管理者たちにとって非常に魅力的なものとなった。

しかし、行動主義の理論化における上部構造に関しては、ほとんどがかごに入れられた動物たちを用いて実証された。虫・カニ・ねずみ・猫・犬・鳥などに、動物にとってさえ意味をなさない活動（例えば、ブザーの音や光がついたり消えたりするのと同時に棒を押したり、レバーを引くといった活動）をさせることで実験を行った。そして、この理論がひとたび実験室の外に出て（例えば学校）、人間において適用されると成功しないのは当たり前なのだが、その非難を浴びるのはいつも教師であった。

行動主義の理論は、一九一五年以降ジョン・ワトソン（John Watson）によってアメリカで大衆化された。ワトソンは、「動物実験に基づいて、人間においても、早期から子どもの経験をコントロールすることができれば、犯罪者から裁判員までどんな子どもでも望むような人間にすることができる」と主張した。学者として働いた後、ワトソンは広告会社の役員として成功を収めた。その後、行動主義理論は、ロシア人心理学者イワン・パブロフ（Ivan Pavlov）によってさらに補強された。パブロフは、犬をテーブルに固定し、体液採取を目的として口や腹の中に外科的にチューブを植え込むと、褒美や罰の刺激を予期してまばたきをしたり、唾液を出したりすることを「学ぶ」ことができると実証した。

さらに、一九三〇年以降はスキナー（B.F. Skinner）の台頭により行動主義論が絶頂期に達した。スキナーは、空腹状態のねずみやハトを「スキナー箱」に閉じ込め、それらが球状に丸められた餌の「強化」を得るためにさまざまな策略を学ぶプロセスを観察し、「強化スケジュール」を操作する実験を四〇年以上にわたって研究者グループとともに行った。数多くの著書も出版し、その中で研究結果を人間の学びや行動（特に教育）に当てはめた。彼は、文化の創作者となったのである。

行動主義は、教育教材の著者や出版社にも影響を与え、断片化と強化さえ実行すれば、何でも教えることが可能であることを保証する、無意味で反復的な活動をさらに増やしていくことを正当化した。紙面上・コンピュータ上にかかわらず、すべての活動は、魅力的なグラフによってうわべだけ良く作られ、教師と生徒に「努力をすることは楽しいことだ」と信じ込ませるように誘惑した。そして、必然的にこれらは点数と容赦ない「成績記録」によって行われた。

心理学に基づく奇妙な学びの信念が教室に導入されたと同時に、生徒が道徳・尊敬心・忠誠心・モラル・誠実さ・慈善心・協力・同情・思いやりなどを学ぶ可能性は消えた。これらには、仲間からのみ学ぶことができる「価値」が含まれている。学習者が、日常生活の中で人びとが実際にこのような価値を行動に出していることを自身の目で見る他に、この価値が学ばれる方法はない。これらの価値が、人生の一部ではなく、学問的な「教科」として教えられる「質問に対する正しい答え」であり、教育的妥当性を持つものであると公式に認められてしまうと、学びの対象にはなりえない。その場合、いくら教える努力をしても結果は出ない。そして、またしても教師が非難される。

そのような状況下では、生徒たちがどのようにして忍耐力・粘り強さ・勇気・安定性・希望などを持つかは問題にさえならない。もしくは、幸せは物質的な自己満足であることや、権力者を軽視すること、そして無力さなどを生徒が間違って学んでしまうことも問題ではない。

たとえ非人間的な刺激反応の行動主義によって実証されていても、教育における学びのオフィシャル理論に関してはまだ疑問が残る。しかし、オフィシャル理論の擁護者は、その頃教育分野外で繁栄していた業界から、さらなる武器を見つけ出した。すなわち知能テスト・学力テスト業界である。

8. 試験装置の介入

学びのオフィシャル理論は、これから紹介する不屈の協力者がいなければ、決して教育界で確固たる地位を達成することはできなかっただろう。それは「テスト」である。暗記がそうなったように、テストも教育の中心となった。教師も含め、現代の多くの人びとにとって、テストが存在しない教育や学びを想像するのは難しい。実際に、「テストがなければ、なぜわざわざ学ぶ必要があるの?」「テストがなければ、ちゃんと授業についていけているかどうかわからないでしょう?」「テストがなければ、生徒が学んでいるかどうかを知る術がないでしょう?」などの質問に頻繁に出くわす。

学びは通常自然に行われる一方で、学べなかったことを隠すこともできない。人びとが学んでいるかを確認するのに、テストを行う必要はない。顔を見ればわかる。困惑した顔や退屈な顔をしていれば、彼らは学んでいないのだ(というより、彼らは「それがわからないし、退屈なものだ」ということを学んでいるのである)。一方で、もしそのような顔も見せず、興味と理解を示しながら取り組んでいれば、彼らが学んでいることは明らかである。これが、学びに対するオフィシャル理論とクラシックな観点の核となる違いである。オフィシャル理論では、「努力をしていることが目に見えない限りは学んでいない」と主張する（しかし、これは何かに取り組んでいるのではなく、学ぶこと自体に取り組んでいるのである）。クラシックな観点では、「もし学ぶのに苦労しているならば、何かが間違っているが、おかしいのは決して私たちの学ぶ能力や欲望ではない」と述べる。

誰かが特定のスキル（例えば、読むこと、数学をすること、地理や宇宙についての知識があること、大工仕事や料理ができることなど）を学んだかを確認するのにも、テストを使う必要はない。ただ彼らが何をしているかを見ればよいのである。私たちは、常に学んでいるのだから、何かに携わっている時点ですでに学んでいるのだ（しっかりと興味を持ち、混乱していないのであれば）。読書をしている人は誰でも、読書について学んでいる。歴史の本を読んでいる人は誰でも、歴史について学んでいる。数学・地理・天文学・大工・料理などに関係する課題や仕事に携わっていれば、誰もがそれぞれについて学んでいるのである。学んでいる量、そして正確に何を学んでいるのかは、それらを誰と一緒に行っているか（友達・専門家・著者など）、また個人が学んでいる物事に対してどう感じているかによって異なる。私たちは、「経験」を通して学んでいる。

教育界の中心となったテストは、「何をしているかを観察することで、人間が学んでいるかどうかを実際に自分の目で『見る』ことができる」とするクラシックな観点を完全に無視している。このテストは、「学びは試験装置を用いた厳密な調査（ここでも言葉に注意してほしい）によってのみ明らかになるもので、この試験装置は科学的に設計され、正確に使用されていなければならない」

という奇妙な考え方に基づいている。言い換えれば、テストと学びのオフィシャル理論は深く関係しており、同様の特徴を持っている。テストと学びのオフィシャル理論は、互いになくてはならない存在なのである。一つが破壊してしまえば、両方ともなくなってしまう。

不明解なテストのルーツ

テストの歴史は、一九世紀末期に始まり、その動機は学びのオフィシャル理論と同様のものであった。すなわち「さまざまな努力を『科学的』にすること」である。しかし、学びに対する科学的な試みは、心理学の学問的地位を上げるために考案された一方で、テスト（元々は「精神測定」と呼ばれていた）はまったく異なる主旨を持っていた。本来の目的の一例として、過密状態のパリの精神病院に送られる人と外に残ることができる資格がある人を決定することが挙げられる。ここでの中心人物は、著名な「知能検査」に今でも名が刻まれているアルフレッド・ビネー（Alfred Binet）で、彼がパリの市民官庁に頼まれたタスクは法的に、異常な人びとと推定上正気な人びとを区別するための科学的方法を発案することであった。

一九一六年に、カリフォルニア州スタンフォード大学の研究者たちが、元々ビネーが発案した、パリの精神病院に送られる人物を判別するテストの改訂版を公表した。そしてこのテストは、「スタンフォードビネー式知能検査」という名で、教育界で選択を行う際の重要なツールとして今日も存在している。

精神測定は、適切かどうかさらに疑わしい分野に属する人びとをひきつけた。それは優生学者である。優生学運動は、「人種の向上」（どの人種かは説明する必要もないだろう）と関連していた。この運動は一九八〇年代に欧米各地で始まった運動であり、この頃ちょうど、「裕福・有名・教養がある・成功しているなどといった特性を持つ人びとは子どもの数が少なく、反対に、貧乏で（推定上）無知な人びとは大家族である傾向がある」という理論が台頭していた。単なるマルサス学説的な数学が、「このまま貧困層が子孫を残し続けると、いつかは上流階級の人びとの精神的・道徳的・身体的能力を弱めてしまう」という結論を導いた。

優生学（英語表記：eugenics）は、ギリシャ語のような響きであるが、この単語は一八八三年に裕福なイギリス人の新人科学者フランシス・ゴルトン（Francis Galton）によって作られ、彼はチャールズ・ダーウィン（Charles Darwin）の半いとこであった。ゴルトンは、（自分のことも含め）「天才」は遺伝なのかという問題に執着していた。優生学とは、文字通り「優秀な子孫の産出」を意味した。一般的な概念は、「多数の人びとを集め、生殖の価値がある人びととそうでない人を分析・決定し、後者には避妊手術を奨励、場合によっては強制するべきである」という考え方であった。

ゴルトンは、精神テスト運動の創始者であるとされている。この運動の歴史上の重要人物（ピアソン〔Pearson〕、スピアマン〔Spearman〕、フィッシャー〔Fisher〕など）は、現在でも心理学や教育学の分野で幅広く使われている統計的検定に名を残している。より著名である、ジョージ・バーナード・ショー（George Bernard Shaw）、ウェルズ（H.G. Wells）、オルダス・ハクスリー（Aldous Huxley）は、優生学運動にさらなる重圧を加えた。話はここで終わりではない。現在でも北米・欧州では、医療的に知力が低いと診断されれば、性別にかかわらず、「子どもを産むリスクから保護するため」という理由で、合法で義務的な避妊手術の可能性に直面しなければならないのである。

戦争がもたらした結果

テスト制度を優生学から教育学へ導入するため、心理学実験室で熱心な作業が行われたが、直接の導入は実現せず、すぐに広い範囲で一般的に使用されることもなかった。テスト制度を成長産業へと導くには「戦争」がなくてはならないものであった。

一九一七年、アメリカが第一次世界大戦に参戦し、結果的に、三年間にわたって何百万人ものヨーロッパ人同士が大虐殺を行うこととなった。参戦後のアメリカの主な任務は、新設した巨大な軍隊の雇用・訓練・派遣、さらにヨーロッパへの備品発送であった。しかし、新兵の雇用を急ぎすぎてしまったため、十分な訓練を受けていないままの新兵が急増し、アメリカは二つの問題に直面した。最初の問題は、新兵を将校候補とそれ以外の階級に区別することであった。それまで、任務の割り当ては、（賄賂のやり取りがない限りは）主に推薦と面接に基づいて行っていた。言い換えれば、評価する側の個人的な知識に基づいていた。しかし、誰が数えきれないほどの若い兵士を個人的に知っているだろうか。将校が間違って雇用してしまった兵士が混同している可能性もあり、それを見分けるのは不可能に近かった。もう一つの問題は、彼らに階級を割り当て、適切な職業的部類に分けることであった。誰が騎馬隊に入り、誰が歩兵隊に入るべきか？　誰が射撃手・料理人・担架担ぎ・事務・またはその他の軍隊内の役割に割り当てられるべきなのか？

新しく雇用された兵士の階級や役割を決定する手段をどうにかして生み出すため、統計的測定や試験施工の専門家たちが雇われた。結果的に、このシステムは成功したということであろう。なぜなら、アメリカが参戦して一年後には、ヨーロッパでの戦争が終戦したからだ。そして、平和の到来とともに数千人の精神測定者が失業者となった。

もう一度いうが、軍隊の原則や手順を教育に適用する手はずは整っていたのだ。一九二〇年代の教育も、徴兵されていた人材を新入社員として雇用しており、問題は山積みであった。年齢・能力・そして学びのオフィシャル理論の労働倫理に基づいた生徒の分離は、好ましい結果を生んでいなかった。教育には、さらなる管理とコントロールが必要であった。そこに待っていたのは、精神測定を受けた者の軍隊だった。

精神測定は、その知恵が生み出す利益を学校関係者に提供するのに非常に積極的であった。例えば、一八九〇年にエビングハウスが学びのオフィシャル理論に関する任務を終えた時、次の焦点を教育テストへと移し、本当に学びが実行されているかを評価できる「科学的な」方法を探していた。それでも、一九二〇年代初期になるまで、テスト制度は教育において実施されることはなかった。それ以来、教育におけるテスト制度は振り返ることなく突き進んだのだが、実際にそれが学びの役に立ったかどうかの明確な証拠はない（多くの人がそのような証拠が存在するという想定はしているが）。さらに、テスト制度が学校をより良いものにしたという証拠はまったくない。現に、「より多くのテストを教育に導入すべきだ」と主張する人びとは、「教育の質が落ちている」ということを理由としている。

テストのまん延

それでも、特に教育界外でテストへの信頼が衰えることはなかった。一九一〇年以降、小学生を対象とした学力テストだけでも一四八部が出版され、絶版になったのはそのうちたったの三四部だけであった。生徒たちに関しても、特に高得点を取ることができる生徒は、テストに依存するようになってしまった。それによって、点数や成績が返って来ない場合、学校内外にかかわらず、自ら読み書きをしようとは思わないようになってしまった。親もテストに慣れすぎて、三者面談のトピックになるのはテストの結果ばかりである。政治家たちもテストに魅了され、選挙でよくある無鉄砲な約束の一つとして「教育の改善」を述べれば、最初に頭に思い浮かぶこと（そしてたいていこれしか思いつかないのだが）は「新しいテストの確立」である。

普段高得点を取る生徒は新しいテストでも高得点を取り、低い点数を取る生徒は新しいテストでも低い点数を取ることを証明しながら、新しいテストは次々と「立証」されていった。しかし、このような方法であれば、誰が高得点を取り誰が低い点数を取るかを予測するのは容易なことだ。テストで低い点数を取った生徒は、教室でも差別される。彼らは頻繁に別室へ隔離され、比較的難しい課題に短い時間で取り組むよう言われる。教師からの手助けも減っていき、結果として「失敗」の経験を繰り返すことになる。教師は彼らを他と違うように扱い、他の生徒もそれに従い、彼ら自身でさえも自分たちを差別し始める。ここでは、彼らには学びの「システム」（つまり、さらに厳格なコントロールが存在する環境）が他の生徒よりも必要であると思われているのだが、本当に彼らが必要なのは時間やサポート、周りからの励ましなのである。

教師は、実際に子どもに会うよりも先に、これまでの成績表を受け取り（これは実際に行われていることである）、成績が悪いことを知ると、「その生徒が何か優秀なことを達成したとしても、それは例外または異常である」と判断する傾向にある。成績の良い生徒が何か悪いことをする時には、逆があてはまる。教師は、目の前にある証拠ではなく、テストだけを信頼してしまう。たとえテストの成績を受け取る前に生徒に会っていても、教師はすぐにテストのことを疑問に思い始めるだけの話だ。

低い点数を取る生徒たちは、「学習障害者」とみなされ（または、脳が正常に機能していない・社会的に恵まれない・努力を必要とする・「危険性がある」生徒とみなされ）、これは教育における問題だとみなされた。しかし、学校外で人をこのような扱いを受ければ、社会的非難に値し、政治的にも受け入れられないだろう。

テストの代替案

もし人びとが、人工的に考案されたオフィシャル理論に依存することなく、本能に従って学びのクラシックな観点を反映させていれば、テストは存在していないだろう。存在していたとしても、まったく違った方法で行われていただろう。クラシックな方法であれば、独断的に選ばれた特定の課題を、学習者が「どれだけうまく」遂行するかを見るのではなく、どの課題において学習者が可能性を持っているか、さらに興味と理解の度合を見るであろう。

私たちは、学校外で特定のスポーツ・趣味・工芸などに携わる人は各分野について今後多くのことを学ぶという事実を理解しており、特に親戚が各分野の専門家であり、彼らと一緒にいる時間が長いとその可能性が高いということも知っている。もし、特定の活動に参加させようとする中で、退屈・困惑していれば、それについて学ぶことはほとんどなく、それがプラスになるものである可能性は皆無に近いということもわかっている。

学びが行われているかを見いだすのに、教室にいる全生徒にテストを課す必要はない。または、テストをすること自体も必要ないかもしれない。その教室で何が起こっているかを観察すればよいのである。生徒が数学・科学・工学などに関係する活動に、退屈・混乱することなく取り組んでいれば、彼らはそれらについて学んでいるということを、私たちは知っている。この事実に、何も変なことも謎なこともない。これがクラシックな観点における常識なのである。しかし、何の意味も持たないテスト技術の中ではこの観点が生きることはできない。

教えることとテストのメリーゴーランド

学びのオフィシャル理論と偏見を見いだすテストの実践が相互作用し、教育界においても社会においてもその影響力は高まった。これが成し遂げられたのは、オフィシャル理論やテストが学校教育において目に見える成果を出したからではなく、互いに支え合っていたからである。この二つの関係は、円を描くように循環するものである。テストは、学びのオフィシャル理論の教訓に従っているからこそ良いものとされ、学びのオフィシャル理論は、テスト制度の基礎であるから正しいとされる。これらの考え方が、人間の脳で起こっていることについて落ち着いて現実的に考えられたことは一度もない。暗記が強調され、避けることのできないはずの「忘れ」は無視され、生徒が自分自身または教育について何を学ぶか（そしてこれらが永続的であること）にはまったく注意が払われなかった。

生徒と教師の社会的関係は、ますますゆがんだものとなった。点数の収集家・受け渡し人という任務に加え、教師は教室で行われる隔離やラベル付けを仕切る人物となった。

生徒と同様、学校までもが競争心を持つよう強制され、学校単位の「成績表」の公表によって常に重圧を加えられた。さらに、この「成績表」は、不十分だとされた学校や教師・生徒たちが乗り越えなければならなかった困難には顧みもしないものだった。生徒たち自身も、テスト結果の公表から生じる差別的な態度や行動を取るようになった。親がそうしていたように、生徒たちさえも、「テストの支配は不変・論理的で、重要なものである」と信じるようになった。

皮肉なことに、これらすべては学校外の権力者たちによって操作された。彼らが学習教材やテストを準備し、教室において適用させた張本人なのである。教師や生徒は、裏舞台にいる人形使いの操り人形となってしまった。テスト制度が開始されて以来、それが教師や生徒の助けとなったことは一つもなかった。

9. さらなる戦利品

一九三〇年代には、大規模な組織や管理に関するテクノロジーの発達が、軍隊・ビジネス、そして教育の分野において大きな繁栄を見せた。アメリカが再びヨーロッパの争いに加わった一九四〇年代には、さらなる飛躍を遂げた。アメリカの勝利後、教育において起こった決定的な介入は、教育界に大きな波紋を呼び起こした。

ヨーロッパは再び数年にわたり多大な損失に苦しむことになるが、アメリカが介入するまでは、本当の意味での結果はまだ出ていなかったのである。今回アメリカが行ったのは、巨大な技術的成果の指導的役割であった。すなわち、敵対しているヨーロッパ大陸への侵入である。

人間を超えたシステムの勝利

一九四四年のノルマンディー上陸作戦は、これまで人類が計画した活動の中でも、最大規模で非常に複雑なものであるといわれている。秒単位での巨大な多国籍軍・海軍・空軍の集結という過密な計画が実行されたのだが、それ以前にも、数か月にわたるさまざまな準備がなされた。計画・訓練・兵器の設計や製造・部隊移動・即席食品の製造・医療用・通信用の器具や手続き、そして侵入の現場まで引っ張って移動された巨大なプレハブ港の建設である。前例のないスケールの他にも、ほとんどの設計やプロセスはこれまでにない新しいものであり、全工程が機密の下に進められた。この計画は、多大な努力を要するものであり、それを成功に導いたのは、戦争における新しい概念の応用による功績が大きかった。それはロジスティックス（物流）である。

ロジスティックスとは、集権的計画の科学、または人びとや物質の系統的組織化のことで、ただ一つの明確（で非現実的）な目標である「一度に一歩ずつ」の達成に向かってすべてが進められる。細部にわたる注意の典型的な例であり、あらかじめ定められた計画を、残酷な品質管理を駆使しながらさらに綿密に計画し、それに従う。人びとが個人またはコミュニティとして物事を行うことはなくなり、巨大組織の歯車の一つとして扱われた。

ヨーロッパへの侵入や欧州戦争の終結のような重大な業務においては、最終目標がさらに詳細な目標に分けられ、さらにそれらが計画全体の構成要素に分けられ、さらに計画に参加している個人それぞれに分担されており、すべてが詳細かつ正確に計画されたスケジュールに則るものであった。そして、それぞれのステップにおいて、常時監視、つまりはテストが課され、すべてが計画通りに進んでいるかどうかが確かめられた。

計画の全体像を理解している人間は誰一人として存在せず、「トップ」にいる特権を持った数人だけが、ある程度の概要をつかんでいる程度であった。彼ら「リーダー」たちの主な仕事は、下の労働者たちをまとめることで、その下の労働者たちの仕事は、さらに下の労働者たちをまとめ、監視することであり、これが一番下まで続く仕組みである。工場・受付・戦場など現場から遠く離れた本部司令部で働く人びとは、幅広い概要を見ることができただけではなく、それを設計したのが彼ら自身であり、その過程で中間目標の概要や優先事項を決定・指定したのである。彼らこそが

「意思決定者」であり、他の人たちの任務は、それを「遂行すること」であった。理由を「考える」ことではなく、ただ決められたことを「遂行」し、（フローチャートや職務明細書には明記されていないだろうが）「命をかける」ことであった。

すべては実にうまく進んだ。もちろん、失敗や不十分なこと、多大な人命の損失はあったが、一番大事であった「計画」、つまり「勝利」は達成された。この勝利こそが、念入りに作り上げられた人間の知能と努力の集大成によって達成できることの頂点であった。

戦後も、「効率性」という名の下に、ロジスティックスは教育の技術的なモデルとなった。新しく取り入れられた方法は、より集中的で詳細化された計画の下、コントロールを厳粛に階層化し、責任を委託することであった。「プランナー」たちは、現場からほど遠い「本部」に置かれた。「戦場」（または「外の世界のジャングル」）にいる教師たちは、技術者・開発者・促進係の役割を負わされた。

ここでも、「用語」が教育における変化を暗示する最初のツールであった。「運搬システム」「時刻表」「品質管理」などのロジスティックス用語が教育において使われ始めた。本部役員が「ミッション」や「ターゲット」を特定する一方で、教師は「ワーキング・グループ」の一員となり、誰もが全体構造の一部として達成するべき目標を明確にすることが当たり前になった。教育は「製品」、教師は「教育マネジャー」、そして生徒は「消費者」としてみなされた。ヨーロッパ侵入時のように、すべてがうまくいくはずであった。ただし、避けられなかった最小の犠牲者を残して。

ここでもまた、学校や教室の社会構造への影響は破壊的なものであった。生徒や教師は、自分たちで納得できる活動を選び、携わることはできなくなった。命令された方向に進み、「私たちは優秀の極みを目指します」などといったスローガンに刺激される他に道はなかった。教師がカリキュラムを作成したり、教材を選んだり、活動を選んだりすることもなくなり、彼らの役割は説明責任とシステム報告という名の地雷原を「前進」することに変わった。学校は、集権型教育システムの前哨基地となった。

これは、差別・分類・定期的なテスト・学びのオフィシャル理論などのすべての哲学にうまく当てはまったシステムであった。組織全体が、融通が利かず、包括的で堅固なものとなった。人びとが、「教育における専門的アプローチが堅固で階級的であることは当然で仕方がないものだ」と考えるのも無理はなかった。

問題解決

ロジスティックス革命が起こった時代の教育に投入された考え方や話し方を考察するのに、軍事的歴史やそれに関するメタファーから目を背けることはできない。理論上の学問的疑問と大規模な営利目的の組織への取り組み、この二つの組み合わせによって、開拓が始まった。それは、「トラブルシューティング」の概念に関係していた。トラブルシューティングは、「問題解決」という分野を専門とする専門家たちによって主張され、この「問題解決」とは、特定の業界や機関に関して何も知らなくても、問題を識別し、訂正することができるとするものである。全体としてのシステム自体は、基本的な欠点がないか調べられることはなかったのだが（学びのオフィシャル理論の時と同じように）、実際にはそのシステム自体が問題の原因になっている可能性もあったはずだ。代わりに、「問題」は外部からのミスが原因であり、システムにおけるバグと同じように、総称手続きによって消すことができるとされた。

各産業や商業における問題のうち、ビジネス全体や技術上の指針、人びとや利益に対する価値・態度が誤っていることが原因ではなく、本当に構造や機能上の特定の「問題」によるものであるのかを詳細に調べようとはいわない。しかし、この「問題解決のアプローチ」は、教育においては特に不適切であるとされるべきだ。

学びのオフィシャル理論の教育専門家や、それに従う組織やテストは、持論に自信を持ちすぎていたあまり、教育システムにおける不足や失敗を本能的に「問題」とみなした。そして、「誰かが間違ったことをしているに違いない」と考えた。これは、典型的な責任の屈折であった。つまり、「規定の治療を受けているにもかかわらず、患者の容体が悪くなっていくのであれば、患者の責任である」と考えているのと同じである。

学びにおいて、期待に沿おうとする過程で教師と生徒が経験する困難を「問題」とみなすことには、危険が潜んでいる。「問題」という用語には常に解決策が存在し、その解決策の実行が問題を取り除くということを暗示する。しかし、その「解決策」がむしろ問題を悪化させてしまう可能性があるのだ。

今日、たくさんの生徒が無駄な教育を受けているが、それは、起こっているとされる「不十分な学び」の「原因」ではなく、どちらかといえば、教育の後押しとなっている学びの理論による「結果」なのである。問題があるとすれば、それは教室内にあるのではなく、不適切な教室のコントロールが存在する学びと教育の根本的な性質にある。この問題を解決するには、置かれた状況下で教師と生徒がもっと努力をするのではなく、学びや教育が行われるべき環境自体が変わらなければならない。

よって、教室で起こっていることは問題ではなく、「災害」であるといえるだろう。「問題」と「災害」の違いは、単なる程度や言葉の意味の問題を超えたものである。

問題とは、解決できるものであり、変えることのできる状況である。例えば、水漏れのあるボートに乗っていれば、そこには問題が存在するが、それは水をかき出すことや漏れ口を塞ぐことによって解決が可能だ。しかし、ボートが転覆すれば、それは問題ではなく「災害」である。ここでの「災害」とは、取り戻すことのできない状況を表している。唯一できることは、逃げることである。

災害に対する適切な対応は、それをもてあそぶことではなく、生き残るために逃げ出すことだ。水漏れの問題を解決しようとしてボートに長くいればいるほど、転覆の災害から生き残るための時間や資源がなくなっていく。

五〇年以上学校で行われている「問題解決」のほとんどは、この転覆するボートを修正しようとする無駄な試みであったといえる。教師と生徒が生き残るために残された唯一の道は、システム自体を残そうとすることではなく、自分たちを救うことである。

月面着陸

ロジスティック・マネジメントの技術は第二次世界大戦を終結に導いたが、次の世界的な争いの到来が、さらなるステップへの後押しとなった。そして、それがまた別の徹底的な教育への介入へとつながる。今回の戦争はソビエト連邦との「冷戦」、具体的にいえば、アメリカとロシアが、どちらが最高の大陸間弾道ミサイルを製造することができるかを競った「宇宙戦争」であった。

一九五〇年代の半ばになると、アメリカは地球の片側から反対側へと横断したことで、核ミサイルの開発・誘導に関する知識や技術はソビエト連邦に勝っていると信じきっていた。しかし、一九五七年のある朝、ソビエト連邦が世界初の地球周回軌道衛星、大ざっぱにいえば、精密に作り上げられたブリキ缶を開発し、ライカという名のロシア犬を乗せて世界横断を達成した。アメリカは、この一大ニュースにたたき起こされた。さらに衝撃的なことに、その後ソビエト連邦は、このブリキ缶に人間を乗せることに成功したのである。ユーリィ・ガガーリン（Lt. Juri Gagarin）の名誉の始まりである。アメリカにとって、これはもはや「問題」ではなく、「大災害」だったのである。

アメリカはただちに技術面での首位と自国への信頼を取り戻そうと、一九六〇年代に二つの国家課題を制定し、それらはケネディ大統領によって二つ同時に発表された。一つ目の課題は、人類初の月面着陸を達成すること（そしてその人物をできれば地球に戻すこと）で、ロシアを破ることであった。そして二つ目の課題は、教育システムの近代化と改良を行うことだった。それを何らかの形で表すため、アメリカのすべての子どもに識字能力をつけること（非識字に関する戦いにおける勝利）を具体的な目標とした。

そして、アメリカはこの二つの課題達成のために懸命に打ち込んだのだが、ここでもロジスティックの揺るがない技術が利用された。つまり、二つの課題は、詳細な計画と連続的な品質管理によって実現されたのだ。

月面着陸に関しては、結果は「成功」であった（犠牲者を出さずに成功することはできなかったが）。一九六九年末に、月面に星条旗が立てられ、永久的に残されることとなった。一方で、識字能力の攻撃はいまだに進行中で、そのために援助・教材・資金・人材・念入りに計画された国家カリキュラムや戦場に投下されたテストの山が費やされ、それらによって生み出された災害などが起きたにもかかわらず、成功の兆しすら見えなかった。それでも、「もしかしたら、『価値ある学びは、莫大な努力と編成があってのみ生み出される』とする困難の下に成り立つ観点自体に致命的な欠点があるのかもしれない」と考えた司令官はいなかった。

教育において、ロジスティック計画が「問題」を解決するという信頼は莫大なものであった（おそらくそれがなかなか失敗を認めようとしなかった原因であろう）。宇宙計画を設計するためにエンジニアたちが取り入れたシステムが、読み・書き・数学などの教材に採用された。その戦略は、常に同様のものだった。すなわち、全体のタスクを時刻表に沿って段階分けし、すべての段階が時間通りに行われるように厳正な品質管理を用いるのである。

教育は、宇宙計画の全側面を模倣した（ここでも、言葉に注意していただきたい）。宇宙管制センターは、フロリダに位置する発射場から遠く離れたヒューストンを中心にあり、同じように学校教育関係の教育センターも教育現場から遠く離れた場所に置かれた。大規模な事業はすべて「プロジェクト」として指定され、例えば宇宙計画においては「マーキュリー・プロジェクト」、教育においては「識字能力プロジェクト」として扱われた（これによって私はしばらくの間研究者として雇用されたこともある）。それぞれの部品や構成要素は別個で組み立てられ、「モジュール」という名が付いた。月を周回するためのルナ・モジュール（月着陸船）、綴りや計算のための教育モジュールがその例だ。アメリカ合衆国教育次官（the U.S Commissioner of Education［文部科学大臣相当職」)であるジェームズ・E・アレン(James E. Allen, Jr.)は自身のスピーチの中で、すべての子どもたちに識字能力を付けさせるという目標を「教育の月」と言及した。

とにかくすべてにおいて、小さく意味のない段階分けがなされていった。私自身も、カリフォルニアにある連邦研究開発研究室で一年間勤務した時に、それを目の当たりにした。「プログラム専門官」なる人物が教師を採用し、こう質問する。「読解能力がある人ができることは何ですか?」そうすると、教師はだいたいこのような答えを返す。「本を読み、読んでいることを理解し、物語を吟味し、それについて話すことができます」。だが、このような教師の答えは、非科学的・逸話的・主観的・非現実的であるとしてはねのけられてしまう。「読解能力がある人が実際にできることは何ですか? 実際にあなたの目に見えることを答えて下さい」。とプログラム専門官は質問し直す。すると、半ばやけくそになった教師は、「アルファベットを認識することができます」と答える。「よろしい」とプログラム専門官は言い、「それなら教えることができる」と続けた。こうして、文字を教えるための詳細なプログラムが組まれ、その他にも教師から無理矢理聞き出したリーディングの表面的な側面に関して同様のことが行われた。

その後、「子どもたちに読む力をつけさせるためには、アルファベットを学ぶことを義務付けることが必要不可欠なステップである」という考えが構築されていったのだが、実際は最初に文字がどのような役割を果たすのかを理解するまで読書を経験しなければ、文字を覚えることの意味すらわからないはずである。それなのに学びのオフィシャル理論と直接関係のある方法論がこの考えに従って、子どもたちに、ナンセンスな単語のリスト（一度につき一つのリスト）を覚えるように教えた。この場合、一年に最大で二五〇語が限界であるとされ、さらに忘れてしまうことは不可避である。一方で、クラシックな観点では、その一〇倍の単語数を問題なく学ぶことが可能で、さらに意義のある環境で行われることから、忘れることもないとされる。それに続いたのが、『『文字の音』を学ぶことを強制すれば、読解能力のある子どもを作り上げることができる」という正しくないうえに危険な考え方で、それを実践することで読み書きができない子どもたちも出てきた。このようにして、早期の読み手の興味を引く「物語」とされた"I Can Read!"シリーズ（レベル別絵本シリーズ）が導入されたのである。

このシステムは、結局今までうまくいったことはないのだが、ロジスティック・コントロールという点においては完璧なシステムであった。ここでの悲劇は、採用された教師たちが慎重なガイダンスの下に作り上げていった目標・教材・テストは、彼ら自身の専門的技術や権威を弱めていくものであったことだ。生徒たちが感じた退屈さや失意には、「生産者は教師によって作成されたのだ」という納得のいくラベルが常に貼り付けられていた。これらは現在も進行している事実であり、教師たちは達成すべき「基準」を書き出すよう言われる。まるで、これまで教師は何の基準も掲げていなかったかのように。そして、教師自身が「型どおりの目標・ターゲット・基準は必要不可欠で、教師の重要な役割である」と結論づけたかのように。

このように断片化された技術を使った商業的な指導プログラムに関する著書で成功を収めた著者に会う機会があったのだが、その際になぜそれだけ詳細で具体的にしなければならないのかを聞いた。理由は「教師たちの教育は信用できないから」であった。彼が開発したプログラムは、類を見ないほど具体的なもので、教師がどんな時に笑顔を作るべきか、プログラムに答えが含まれていない時にどのようにして生徒の質問をかわすべきかまでもが詳細に述べられていた。

この信念が、「将来的に教育はコンピュータに委託することが可能である」と主張する専門家の急増へとつながったのである。

10. オフィシャル理論のオンライン化

今日の教育は、学びのオフィシャル理論に無条件に降参するほか選択肢はなく、教室外からの絶対的なコントロールの可能性に常に直面している状態である。なぜならコンピュータとインターネットがどこにでもある時代だからだ。

コンピュータは、恐るべき多国籍企業とたゆまないマーケティング戦略のバックアップを受け、私たちの生活のあらゆる面においてしっかりと確立されている。需要は確固たるもので、教師や学校は不必要になるかもしれないという可能性すら存在する。学びへのクラシックなアプローチにとって、最後の一撃にもなりうるのは、教育における直接的な人間関係の完全な消滅である。その代替は、インターネットの接続、つまり人間が存在しない人間関係、コミュニティが存在しないコミュニケーション、人が存在しない操作である。

形のある結び付きがなくなってしまうことによって、学習者は自分と同一視できる人を失ってしまう。イメージ（またはちらつくほども続かない音、写真、画面）だけが残るのだ。「人間関係は情報交換以上の何ものでもない」と信じてしまえば、何が失われているのかを理解することすらできなくなる。

暗いサイエンス・フィクションの脚本を作っているわけではなく、今現実に起こっていることを書いているのである（執筆している現在の状況を書いているため、本書が読者の手に渡る頃には、後任するものがあればそうなっているだろうし、すでに時代遅れの考え方であるかもしれない）。

教師にさよなら？

電子工学教育の技術は、すでに全学校にあふれており、その裏にはコンピュータ・ハードウェア／ソフトウェア会社やテレビ・電話会社（そして、多くの誤った親や教師）による拡大への圧力があった。そこには、「将来的にテクノロジーはますます重要な役割を果たすようになり、実際に情報時代の仮想現実の中に生きる日も遠くはない」という強い期待が存在していた。

それでも、今日の教育に教師がいるのには二つの要因がある（その数は年々減少しているが）。一つは、「人間は重要だ」という曖昧で公式に立証されていない信念だ。もう一つは、簡単にいえば惰性である。どのような機関も、たとえそれが良いことでも悪いことでも、変化には時間を要する。しかし、クラシックな学びの価値観の原点である「人間は学びの中核である」という言葉を耳にすることはない。一方でテクノロジーは、広告宣伝やビデオクリップ、サウンドバイトなどを使うことができる。これらはすべて、教師に費やす予算制約のためのものである。世の中、設備に費やす資金が人件費よりも多いことがほとんどである。管理やマネジメントを行ううえでは、教室でも、オフィスでも、飛行機のコックピットでも、軍部でも、テクノロジーは人間よりも費用効率が高いという考え方は、すでに全世界共通のものである。教師たちは、まるで自動車の大量生産開始後に馬車が市場に残ろうと踏ん張っていたように、教室で何とか踏ん張っている状態である。

どちらにしても、画家が絵画の支持体に関する決断をしないように、母親が子どものケアサービスのサポートに関する決断をしないように、将来の教育の方向性を左右するような決断は、今後教師によって下されることはないであろう。

再び言葉に注意

「教室の門戸をテクノロジーに開く」という考えは、学びについて話す時に使われる新手の方法である。「教育」という言葉は、かつて「経験」という言葉と同義語であった。海外旅行や週末のキャンプは、人びとに教養をつけるものであるはずだった。学びというのは、多岐にわたる豊富な経験から生み出される結果であり、自分を世界や他人から孤立させることは、最悪の学び方であるはずだった。これが、学びに対するクラシックな観点である。

しかし、現在では、教育とは経験を得ることではなく、情報を獲得し・蓄え・取り出すことである（まさにコンピュータができることである）。情報の概念がオフィシャル理論における学びの中心であり、情報は経験するためというよりは記憶されるため、生の情報（または消化しやすくされた情報）でなければならなかった。一度、経験のある教師や学校管理者が教育における重要な問題について研究するためのコースを大学で企画し、このコースに参加していた学校教育長に文句を言われたことがある。「教師たちと自分の経験を共有するためにここに来たのではありません。単位を取るのに必要な情報だけを下さい。そうすれば、仕事に戻れるので」。

私たちは情報化時代に生き、あらゆる情報は電子テクノロジーによって入手可能になり、そのテクノロジーによって情報は編成されていていると教えられてきた。もし何か知りたいことがあるのなら、テクノロジーに聞けばよい。何かを学ばなければならないのなら、テクノロジーに提出すればよい。テクノロジーによって、人間がどんな情報を学ぶことも可能になる。

情報獲得こそが学びの方法であると信じる人は、テクノロジーが最高の教師であると信じているのと同じである。すべてにおいて、「学ぶ必要がある事項を記憶にささげる」ことに焦点を置く、これはまさに学びのオフィシャルな観点である。「経験」は周辺機器、または作業を順調に進めるための誘惑、電子コースを修了した時の褒美などとして格下げされた。

教育から完全に教師を追い出す圧力（教師への極度の不信）は、絶えず高まっている。「生徒に必要な教育はコンピュータ上ですべて可能である」という概念が受け入れられてしまえば、人びとが「コンピュータ上でオンラインになるのに学校に行く必要はない」と認識するのは時間の問題であろう。家にいればよいのだ。近年多くの人びとが家で仕事をし、家で闘病生活をし、また家で自宅謹慎をするのと同じように。生徒に必要な指導やテストが人間の介入なしに行われることで、教育制度における二つの主要出費である人件費と施設費を一気に取り除くことができる。

人工知能の台頭

コンピュータの教育への侵略は、それまでシステム工学の中で難解なエリアであった「あるもの」と切り離せない。それは人工知能である。人工知能は、人間があらゆる電子情報にアクセスすることができる方法、そして、あまり表で話されることはないが、電子技術が人間にアクセスする方法の二つに重点を置く。

すべては、コンピュータの「エキスパートシステム」の発展に関係していた。「エキスパートシステム」とは、人間ではなくコンピュータがエキスパート（専門家）であるシステムである。インターネットが台頭する前ですら、「人びとがコンピュータに入力する情報量を考えると、コンピュータは大量の役立つ事実や数字が置かれている貯蔵所になりつつある」と認められるのに時間はかからなかった。コンピュータが持つ情報は、一人の医師が持つ医学の知識より、弁護士が持つ法律の知識より、料理人が持つ料理の知識よりもはるかに多かった。しかし、残念なことに、コンピュータが個人に適切な情報を届けるには障害があった。

問題は、人間とコンピュータが共通言語を使っていないことだった。コンピュータが返答できるように話しかけることができた人は少なく、コンピュータは人間が理解できる言語で返答することはできなかった。

明らかな解決策として、文法や語彙に関する情報をコンピュータに与えることが考えられた（学びのオフィシャル理論が、子どもに「言語スキル」を教える適切な方法として断定している方法とまったく同じ方法である）。しかし、子どもと同じように、コンピュータは文法や語彙をダウンロードすることはできない。コンピュータにとっても、子どもにとっても、ここでの潜在的問題は、「そこで何が起こっているのかを理解していない限り、文法や語彙に関する情報を獲得することは、無意味で時間の無駄である」という事実であった。

子どもたちは、自身を言葉の意味を理解できる環境下に置くことでこの問題を解決する。この環境とは、言い換えれば、知力を鍛えることができる環境である。しかし、コンピュータに知力はない。情報は持っているが、見識は持っていない。記憶はできるが判断はできない。そこで、「エキスパートシステム」の問題が問い直された。すなわち、「どのようにしてコンピュータに言語を教えるのか」ではなく、「『人工知能』を使ってどのように言語を提供するか」という視点である。

採用されたストラテジーは、不自然な同盟を結ばせること、言い換えればテクノロジー上の「ネザーワールド」でアレンジされた「結婚」である。片側は、「人文科学系の研究者」で構成されていた。彼らは、人間が使う言語がどのようにして発達したのかを研究している言語学者、人々（特に子ども）がどのように言語を学ぶのかを研究する「認知」心理学者や心理言語学者、その他人間の言語・考え方・慣習などに興味を持つ哲学者、人類学者、社会学者など、あらゆる分野の専門家たちだ。そしてもう一方には、主にフローチャートや電子ネットワークの観点から考えるエンジニアやコンピュータ関係の専門家たちがいた。

この二つのグループが団結した時、新しい科学が誕生し、「認知科学」という名が与えられた。「認知」は知識を表し、「科学」はもちろんコントロールを意味した。

条約は、互いの売りを統合させることであった。人類科学系の研究者たちは、人間の考えや言語に関する知っている限りの学説をコンピュータ・アナリストと共有し、コンピュータ・アナリストはこれらの「人間に関する学説を、コンピュータを用いてテストする」というものであった。コンピュータ・シミュレーションが、人間の心理学的学説を検証する「科学的」な方法として認められたのである。コンピュータで検証できない人間の学びや考えは（例えば「仲間から学ぶ」というクラシックな考え方は）、主観的・仮想的で信頼できないものとして笑われた。「目に見える所で教えられたことだけを学んでいる」というオフィシャル理論だけが、コンピュータ・プログラムのテストに合格した。

新しい心理学的学説

人間行動に関する学説を検証する媒体が人間からコンピュータへと移行するのとほぼ同じタイミングで、心理学界が、現代的かつ客観的だとされる新しい学びの理論を考え出した。そしてこれはまさに認知科学に必要なものだった。短くまとめると、「人間はコンピュータが情報を獲得する時のように無分別に学ぶ」と断言する「統合説」という理論である。

統合説によると、学びは無数の相互接続の数学的合計にすぎず、この相互接続は、置かれた環境で起こっている出来事の複雑な確率を示すために脳内で作られるものである（よく使われるうさんくさい例えは、引き伸ばされた一枚のゴムの上に、大きさや重さが異なるさまざまな金属の球が順に落とされた時にゴムが変形するのと同じように、外部で起こる出来事によって脳が修正されるというものだ。この変形が、過去の出来事の「記憶」と未来に起こる反応の基礎を構成する）。もちろん、この理論を証明するための複雑な計算は、結合説と同様にコンピュータによって検証された。スキナー（B. F. Skinner）に劣らないほどの著名人が残した最後の記事で、「認知科学は複雑な技術でごまかされているだけで、実際はシンプルな行動主義の復活に過ぎない」と断言していた。

そして今回も、試みは成功を収めた。ただし、「コンピュータにとっての」成功だったといえるだろう。社会変化がまだまだ初期段階である中、電子エンジニアやアナリストは、コンピュータ上で相互作用的な「知識のベース」を構築した。現代の外科医は、このような電子専門家に手術に関する情報さらには指導までも求めるようになった。これは、パイロットの飛行に関する情報、ブローカーの投資に関する情報、シェフの料理に関する情報というように、さまざまなケースに当てはまる。何度かボタンを押せば、装置がパンを作ってくれる。エキスパートシステムは、生きた相方よりも有能で頼りになるとして広く知られるようになった。パイロットのいない飛行は、すでに現実化しており、外科医のいない手術も成功に向けて積極的な結果を出している。

このような環境の中で、教師のいない指導が推測されるのは容易である。人間が想像できるすべての教育的な経験は、電子的に現実化することが可能である（バーチャル・リアリティと呼ばれるものであるが）。そこでは、触覚・聴覚を刺激する高度なグラフィックやシステムが、誰もがアクセスできて「楽しい」という甘い誘惑つきの「マルチメディア」パッケージと一緒に提供されているのだ。そのような「専門的な」電子システムが利用できるなら、人間の教師は必要ない。そして、各々の家で「学びの端子」を利用できるなら、学校や教室も必要ない。「つながり」はテレビや電話回線という形ですでに存在しているではないか。

教師や学校の存在が教育に必要ないという考えは、金融取引における銀行員やＡＴＭの必要性、ショッピングをする時の店員や店自体の必要性と同じ程度に扱われたのである。

人工知能は、学びのオフィシャル理論（効率的で信頼できる学びは、多様で断片的な事柄、または情報獲得のための事柄を体系的に管理することによって保証されうるという仮定）の最終的な勝利であると考えられたかもしれないが、それは人間によってではなく、コンピュータによって実証されたものである。

こうして、どのようにして学びのオフィシャル理論（と忘れられた「忘れの理論」）が構築され、継続して使われ、その拠点を教育にまで広げたかという悲しい話は（いったん）締めくくる。

章を締めくくる前に……。

オフィシャル理論の批判に対するよくある反論意見

①　それでも、骨組みや体系的な指導が必要な子どもは絶対にいますよね？

　学びの骨組みは、すべての学習者に必要なものです。しかし、それは子どもたち自身の心の中で構成するもので、周りの世界が構成するものではありません。たとえその事柄が他の人にとってどれほど意味が通るものであっても、自分自身が理解できるものでなければ学ぶことはできません。理解できない事柄を記憶するよう奮闘してみてもよいですが、そこには「忘れ」という結果が必ずついてきます。「ナンセンス」はいわば「骨組み」の反対語で、「混沌」の同義語であるといえます。なぜなら、意味が理解できていなければ、それは当然「予測不可能」なものであるからです。学習者が意味を理解できるよう手助けをするには、柔軟になることが必要です。他の方法で手助けをしてみること、代替案を提案してみること、協力者を探してあげること、混乱や挫折から守ってあげることなどが必要なのです。しかし、学びのオフィシャル理論はこれに対して対立的なアプローチを行います。学ぶのが困難である子どもたちに強固なバリアを張り、「失敗」したとして罰するのです。

　しかし、実際の状況はオフィシャル理論が断言するものとは正反対のものです。厳格な枠組みや体系的な指導についていくことのできる生徒は、すでに自分たちが行っていることを理解できている生徒なのです。それによって、公式のシステムがうまく機能しているかのように見えます。これらの生徒は何が起こっているかを理解できているため、どのような状況下に置かれても学ぶことができます。しかし、学ぶことを困難に感じている生徒にとって、公式の枠組みは意義深い経験の体系的なはく奪を意味します。彼らには、さらなる柔軟さが必要なのです。ただし、個人的な世話やマンツーマンの手助けが必要だといっているのではありません。彼らに必要なのは、手遅れになる前に、何が起こっているのかを彼ら自身が理解できるよう、有用で非脅迫的な環境に置かれることなのです。クラブのメンバーになり、新しい経験を発見し、「学ばなければならない」というプレッシャーが取り除かれることによって彼らは成長します。

② 権威主義の枠組みがなければ、大きなクラスを管理することは不可能ではないでしょうか。教師に負担がかかりすぎてしまうと思います。

この考え方は間違っています。クラスが大きくなれば大きくなるほど、教師が厳格な枠組みを維持することは困難になります。課されたものが簡単すぎて退屈に感じる学習者もいれば、与えられたものが極端に難しすぎて憤慨する学習者もいるでしょう。教師は規律や命令に気を取られすぎて、興味を持って協力してくれる生徒は一人もいなくなります。こうやって教師は燃え尽きてしまうのです。クラスが大きければ大きいほど、生徒が互いに交流し、夢中になれて、共同作業ができるような活動に従事できる環境があること（そして教師の負担を減らすこと）が重要なのです。

教師にとって、大きなクラスを持つことが良いことであるといっているわけではありませんが、同時に小さいクラスだからといってすべてが解決できると言っているわけでもありません。最も良いのは、クラスの大きさを柔軟に対応することで、取り組む活動の種類によって生徒数（さらには教師や他の指導者の数）が変化するような環境が理想的です。

③ 読み書きにおいて子どもたちが間違えた時、両親であれ教師であれ、訂正はしない方が良いと暗にいっているように思えますが、訂正はまったく行われる必要がないのでしょうか。

大部分の場合、訂正は必要以上に早い段階で頻繁に行われ、生徒が知らないことやできないことをはっきりと記憶に残してしまいます。どのような年代の生徒でも、スペルミスが訂正されると必ず学ぶことがあります。「訂正された単語は、スペルがわからない単語だ」ということを学ぶのです。そして彼らは、ライティングでこれらの単語を使うことを避けることを学びます（おそらく、辞書から単語のスペルを記憶しようとすることは、スペルを学ぶという結果につながらないと生徒たち自身がわかっているからでしょう)。訂正されればされるほど、生徒たちは数少ない単語と自信のある構文だけに制限しながら、可能な限り書くことを避けるようになってしまいます。リスクを避けようとするのです。このような圧制的な方法では、スペルを学ぶということがあまりにも重要な役割を持ちすぎています。

では、訂正はまったく行われる必要がないのでしょうか。実は、訂正に有益な価値があるケースが一つだけ存在します。この時に訂正がなされなければ、学習者は怒り出すか、動揺しだすはずです。「間違いが見逃されて嬉しくない生徒がいるとは思えない」という教師もいるかもしれません。しかし、それは「学習者が取り組んでいるライティングは、単なる練習またはテストであり、できるだけ高得点を獲得するということ以外に個人的な思い入れはないものであると考えなければならない」という考えに起因しているのです。もし、そのライティングが学習者にとって「意味のある」ものであれば、例えば、友達(または政治家でもよい)に送る手紙であったり、出版される物語であったり、掲示されるポスターであったり、公の場に出るメニューであれば、間違いが無視されるのではなく、すべてを訂正することに全力を尽くすはずです。この場合、学習者に権力が与えられているため、間違いの訂正を行うことでさらに書くことが好きになるという結果につながる可能性が高くなります。結局は、訂正が「協力」として見られるのか「罰」として見られるのかによるのです。

④ 私は教師なのですが、リーディングに少しの興味も持っていない生徒にリーディング（または数学・音楽・外国語でも同じである）を教えなければなりません。この場合、より体系的なオフィシャルの方法を使うべきではないのでしょうか。

指導の責任がどれほどプレッシャーのあるものでも、生徒が自然に学んでいるのではない場合、彼らに強制して学ばせたり、罰を与えることを脅迫したりすることは、あなたが達成したいこととは反対の効果を生み出すことは確かです。

（もし学びのオフィシャル理論が許せば）自分の仕事を、生徒が行うべき学びを体系化する「指導者」として見るより、生徒が興味を持って、理解でき、身近に感じることができそうだと思うものを学ぶ手助けをする「ガイド」だと考えた方が良いでしょう。ガイドになることは簡単なことではなく、いつも時間通りに物事が進むわけでもなく、実行することすら不可能であるかもしれません。学びにおいて、どんな方法を実践するにしてもこれが現実なのです。たとえ特定の活動に個人を従事させる努力が成功しなかったとしても、練習問題やドリル・テスト・スローガン・差別的なラベルを使って学びを実行する場合に比べて、生徒の挫折感・失望・怒りを生む可能性ははるかに低くなります。

私はゴルフ選手ではありません。この事実によって、自分の力不足や敵意を感じることはなく、ゴルフ選手である人びととも問題なく付き合えます。なぜなら、誰も私がゴルフ選手になることを強制したことがないからです。もしも私がゴルフ選手になるとすれば、それは試合などで多くの時間を共に過ごした人の影響で、私が興味を持つようになったからであることがほとんどです。これが、週に三回は必ずグリーンに出ることが要求され、独断で決められた回数でホールを完了できるかどうかを監視されている状況であれば、まったく別の話であったはずです。

第四章 損害の修正

11. 自由に学ぶこと

人びとの一般的な考え方、特に教育界において権力や影響力を持つ人びとの考え方が変化しない限り、学びと忘れのオフィシャル理論がもたらした損害や不公平さから世界が再建することは不可能である。このように「人びとの考え方を変える」という行為だけでも、圧倒的な教育の尽力が必要である。もしそれだけで考えを変えさせることができなければ（というより、ほとんどの場合できないと思うので）、コミュニティや政治的行為が必要とされる。

「どのようにして学校を改善することができるのか」そして「どのようにして学校を管理する人

びとの考えを変えることができるのか」という大きな疑問は、最終章で議論する。ここではまず、学びのオフィシャル理論が私たちの心の奥深くにまで築き上げてしまったダメージを軽減するために何が行われるべきなのかを考えたい。これにより、私たち自身の学び、教えることに対する考え方をより自由にすることができるはずだ。

学びのオフィシャル理論は、多くの人びとの「学びへの価値観」に二重の弊害をおよぼした。オフィシャル理論は、「永続的な学びの基礎は、興味を持っている分野においてすでに経験を持っている人びとと自分を同一視することに眠っている」というクラシックの信念を見逃している。このような重点を、「人びと」から「過程」へと移し変えてしまうのだ。一方では、人びとが「学びには努力が必要だ」と納得してしまったために、困難にぶつかった時に、それを「別のやり方を試してみた方が良いという警告」としてではなく、「必ず直面しなければならない課題」だと考えるようになってしまった。

私たちは「学ぶために苦しんでいるのであれば、その学びは効果的ではない」ということを知っておかなければならない。残念なことに、「高いやる気と曇りのない決意さえあれば、学びの問題はすべて解決される」と信じている人は、時間を無駄にしているだけである。しかし、プラス面は、「興味を持っている活動に自発的に参加すれば、最も効率的な学びが行える」という事実である。禁欲的になりすぎず、学びたいことを楽しむ方法を探し回ることも大切だ。悲しいことに、私たちは学びのオフィシャル理論によってダメージを受けすぎて、「学びはやりがいのない面倒な作業である」という思い込みを頭から取り除くには、かなりのサポートやガイド（でなければセラピー）が必要である。

学べることと学べないこと

ロシアの有名な研究者レフ・ヴィゴツキー（Lev Vygotsky）が「協力がどのようにして個人の学びを導くのか」を的確に説明した文がある。「子どもたちが、今日は助けを借りてできたことが、明日は自分たちでできるようになる」という文だ。

ヴィゴツキーは、個人の学びの可能性に関して、シンプルでありながらも説得力のある概念を表すのに、「最近接発達領域」という興味深い表現を用いた。各個人が三つの同心円を持っているとイメージして欲しい（図3）。

最も体に近い部分を覆っている内部の円は、私たちが知っていることやすでに自分でできること、つまり、人生を通して得た経験を基にしたすべての知識と能力の集合体である。次にある円は、まだ知識を持っておらず、自分だけではできないが、誰かの助けを借りればできることを表す円である。これが、最近接発達領域、すなわち自分だけではどうすることもできないが、助けがあればできる領域である。最後に、最近接発達領域を超えた一番外側の円は、どれだけの手助けを受けても

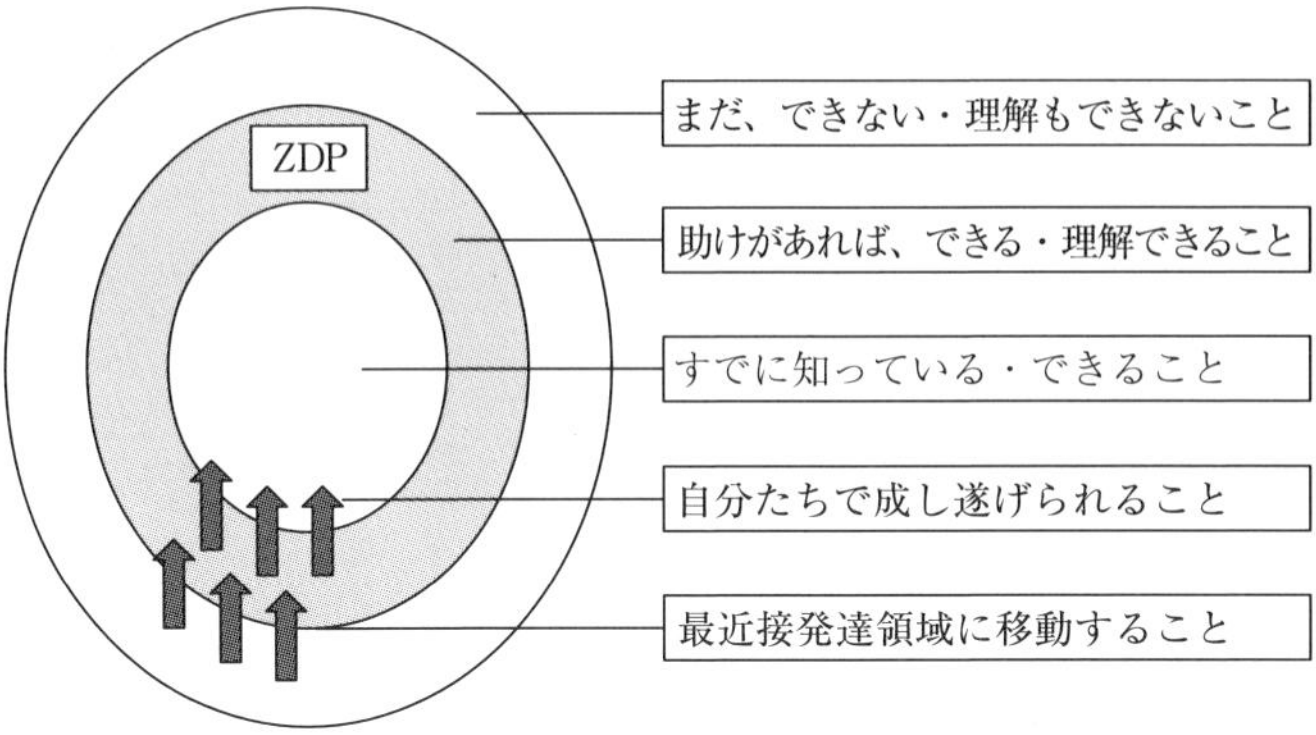

図３　最近接発達領域

理解、遂行ができない領域である。ここには、私たちのその時点での能力をはるかに超えるものすべてが含まれる。

「領域の境界線は、常に移動する」とヴィゴツキーは述べる。内部領域にある、私たちが知っていることやできることは、経験を得るにつれて拡大していく。最近接発達領域にあった「誰かの手助けがあれば成し遂げられること」は、次第に「自分たちで成し遂げられること」の領域に移動し、「助けがあっても、完全に本人の能力を超えているもの」の領域にあったものが、最近接発達領域に移動することもある。

最近接発達領域に位置している物事に取り組むのに助けが必要な時、身近に手助けをしてくれる人がいれば、達成できることの数が無理のない方法で増加し、さらに将来的にできる可能性がある物事の数も常に増えていく。

ヴィゴツキーが明言しなかったことは、最近接発達領域に位置する物事の中には、自分で作り出した自己像であるものもあり、例えばそこには「これから私たちができることとやできないこと」であると信じ切ってしまっていることも含まれる。もし、「自分にはあることを学ぶのは難しい」とか、「そのタイプの人間ではない」と誰かに言われると、その分野の学びは、「助けがあってもなくても達成することができないこと」という外部の領域へ残ったままになる可能性があるのだ。本来ならば、柔軟な境界線が存在すべき所に、固く不動の壁を作ることを「学んで」しまう。

興味・自信・理解がある所では学びが花開き、退屈・恐怖・混乱がある所では枯れてしまうということに気付くのは、そう難しいことではないだろう。私たちは、「すでに知っていることとやできること」つまり内部の円に閉じ込められると退屈に感じ、現時点での能力を超えている領域である外部の円の中に入れられると困惑してしまう。退屈・心配・困惑などの感情を読み取るのは簡単である。顔や表情に明らかに出てくるからだ。そして、このような退屈・心配・困惑を示す危険なサインを見て学ぶと、私たちは自分がそれらに陥らないようにすることを学ぶのだ。

他の人を助けることで自分を助ける

学びのオフィシャル理論がもたらす「機能不全」の状態から自分自身を救うのは非常に難しく、自己医療はあまりお勧めできない。たいていの場合、他の人と共に始めるのがベストな方法である。

他の人を観察し、もし可能であれば彼らの学びを手助けし、そうすることで自分も学ぶ。これは容易なことではない。実際に、生徒の学びの手助けをする方法に関しては柔軟に対応することができても、自分の学びに対する強固な考え方を変えることができないという教師に出会ったことがある。前述したように、他の人に対する考え方において、クラシックな観点に従うのか、オフィシャル理論に従うのかは、信頼の問題である。学びに関して自分自身を信じることができなければ、オフィシャル理論を採用し、破滅的な結果を生んでしまう。しかし、これまでに成功を収めている学習者と自分を同一視することができれば、学びのクラブの一員となれる望みは非常に高い。

学校で子どもたちを観察する機会をつくってみればよい。ただし、遠隔で行われる手順制御によって身動きが取れない状態で、「課題」に取り組み、皆で同じことを一斉に言い、許可を得た時のみ生徒が教師に話しかけているような環境ではまったく無駄である。子どもたちが社会活動に従事している時（例えば芸術・科学・読み書きまたは単に思案や創意にふけっている時など）に、彼らをじっくり観察してみてほしい。そうすると、子どもがどのようにして助け合い、共に問題に取り組んでいるかという表面的なことだけではなく、彼らがどのように協力・信頼・自尊心・独創力などを学んでいるのかを理解できる。彼らは、市民になること、つまり、団結して互いに協力し合う民主主義のコミュニティの一員となることを学んでいるのである。

もっと良いのは、このような学びの環境の観察者ではなく「参加者」になることだ。芸術・科学・読み書きの方法や、どのようにして協力的に、礼儀正しく、民主的に振る舞うのかを教えるのではなく、あなた自身がそれらの活動に取り組み、子どもたちがどれほど重要な存在であるのかを実際に示してみてほしい。

もしかすると、「すでに経験・達成したことがあることをもう一度行うことは、必ずしも簡単であるとは限らない」という事実を偶然に行動で示すことになるかもしれない。学びというのは、呼吸と同じぐらい自然なものであるが、すでに学んだことを実行することや、学んだことから何かを成し遂げることは、本質的に難しく、時間のかかることであることがある。例えば、一度書くことを学んでしまえば、その動作は苦もなく行われ、注文に応じて対応できると思っている人が多いようである。しかし、書くことというのは（または読むこと、料理、ガーデニング、コンピュータ・プログラミング、電化製品の修理などもすべて）、専門家でさえ悪戦苦闘することがある。ほとんどの場合、忍耐力や努力が必要である。しかし、自分たちに学びを強制するというわけではなく、結果として学びが起こるような活動に取り組むのがベストである。

また、活動を観察する・参加する時は、学びに焦点を置かない方が良い。「役割が果たされているか」ということに目を向けるべきである。難しいのは「学ぶこと」ではなく、参加者が取り組んでいる活動そのものである。建物を設計すること、部屋の編成を変えること、家具を組み立てること、劇やオペラを公演すること、壁画を描くこと、外国語を練習すること、コンピュータ・プログラムをインストールすること、メニューを構成すること、買い物リストを作ること、遠征を計画すること、新聞記事を書くこと、データベースを作成することなど、日常に起こりうる複雑な活動だ。子どもたちが、瞬く間に物事を吸収する様子や、時間が経つことを忘れている様子、そして学ぶことに対する喜びや満足感を見て感じて欲しい。

教員養成の方法や教え方の基準というものが存在することによって、多くの教師が「生徒が理解しておらず、興味を持っていなくても、それを学ぶことは可能である（もちろん、十分に努力すればという条件付きで）」と思っている。しかし、私たちが学ぶことができるのは、興味があり理解ができる活動、言い換えれば、満足のできる活動からのみである。そうでなければ、残されている方法は効率の悪い丸暗記だけであり、その結果として忘れることは不可避である。

生徒に学ばせるための活動が、彼らにとって楽しいものでなければ、それは「無駄な努力」のサインである。間違ったことだけを学び、最終的には「学ぼうとしていることを学ぶ」というタスクに成功することはない。どっちにしても、彼ら自身がそれを学びたいと思うこともおそらく少ないであろう。教師や保護者にとって非常に難しいことであるのは承知だが、「私たちは常に何かを学んでいる」というクラシックな観点を大切にするべきである。「高い意志」を持たせ、私たちが学ばせたいことを生徒に強制することは不可能であるが、その意志が適切に注がれれば、目的とする学びが行われる機会がある環境を生み出すことは可能である。

私は、学びを喜びや満足感と関与させることに関しては十分に気を付けているつもりである。というのも、それは「楽しさ」とは違うからだ。教材やソフトウェアなどの商業用教育プログラムの多くが、教材を使うことで学びが「楽しくなるよ!!」と主張する（というような、口頭での誇張のおまけに、過分なほどの感嘆符や情熱にあふれた印刷、そしてコンピュータ上であれば熱狂的なグラフィックやサウンドが付いてくる)。

しかし、それらの教材は、意義深い学びの手助けをするというよりは、アニメーションやビデオゲームによって「関心をひく」技術を使うことで、ドリルや丸暗記などのつまらなさを改善しようとしているだけである。オフィシャル理論の苦味に砂糖をかけて、口当たりをよくしているようなものだ。この「楽しさ」は、学習者が学ぶべきこととは無関係であることが多い。たいていの場合、おしつけがましい、屈辱的なもので、搾取的で誤解を招くようなエンターテインメント業界の教育界への侵入にすぎない。

「楽しい学び」というのは、考え込むという行為を伴わないという点で、喜びや満足の反対であることがほとんどである。もし何かが学ばれたとしても、それは頭を使わない活動であり、夢中にさせるような策略にはまっているだけ、または無意味で不適切な褒美を得たいという願望の下に行われているものである。

危険信号

学習者が、二つの危険信号がともる時に気を付ければ、クラシックな方法での学びは向上する。その時とは、①勉強していることや、練習していることを意図的に記憶しようとしていると気付いた時、②「自分が混乱している」という事実以外には何も覚えていないような教材や活動を進めていると気付いた時、の二つである。

逆説的だが、暗記しようとする努力は理解を破壊してしまうので、結局は暗記を妨げてしまう。丸暗記をすることで、物事が長期記憶（意味をなす感覚を基に、物事がまとめられ、取り出されるようになっている場所）ではなく短期記憶（繰り返しているうちだけ物事を保っておくことができる場所）へと、脳内の間違った場所に置かれてしまうのだ。短期記憶から長期記憶への直行ルートは存在しない。長期記憶に物事を残すには、すでに知っていることと何らかの関係を持たせなければならない。しかし、新しい知識を関連付ける既存の知識を探すことに関して心配する必要はない。なぜなら、行っていることを理解していれば、それは自動的に行われる動作であるからだ。言い換えれば、理解するということは、新しい物事をすでに知っている物事と関連付けているということである。混乱するということは、そのような関連がまったくないということである。

それでは、意図的な暗記を避けるにはどうすればいいのだろうか。深く考える必要はない。例えば、読書を楽しみながら進めていけばよい。または、自分が理解できて、興味のある何かを探せばよい。その活動に夢中であればあるほど、より多くのことを学び、忘れることもより少なくなる。

混乱は無駄な努力を意味する。それが悪化すれば、学んでいることが何であれ、「それを学ぶことができない」ということを学んでしまう。混乱した瞬間にあきらめるべきではない。先を見据え、次に来る物事を理解できるのかを見てみる必要がある。とはいえ、混乱するような題材に時間をかけすぎるべきではない。混乱は、私たちを「暗記モード」へと導く。しかし、混乱させるような物事を暗記する意味はあるだろうか。

時々、脳内の間違った道をたどってしまったり、不適切な関連性を生み出してしまったりすることで、混乱してしまい、理解するのが難しいと感じることがある。この症状に対する解毒剤は、「熟考すること」である。この「熟考」は、小休止を取ってみることから、実際に何が起こっているのかを考えること、脳に整理する時間を与えるために「一晩かけて考える」ことに至るまで多岐にわたる。しかし、物事に混乱する時、たいていの場合はそれらの説明が不十分であること、またはうまく書かれていないことが原因である。理解するのが困難なのは、それらが本質的に不可解であるからだ。入念な検討によって解決されることもあるかもしれないが、基本的に事前の知識が必要である。というのは、学ぼうとしている物事についてできるだけ多くの情報を別の資料から探すということである。例えば、別の本、インターネット、適切な映画やビデオ、または別の人などが当てはまる。

早い段階からの学びを促進するものがもう一つある。想像力や視覚化の力だ。例えば言語を学んでいるのなら、他の人との会話を想像することができる。政治・歴史・生物を学んでいるなら、それらをトピックとしたディスカッションに参加していることを想像できる。スキル（陶芸、特定の料理を作ること、新しい楽器を演奏することなど）を学んでいるなら、自分がそれを行っている姿を想像できる。やり方を他の誰かに教えている姿を想像することすら可能だ。想像力を刺激するものやその活動の楽しみを大きくするものなら何でも、学びにおいては青信号であるといえる（想像上の会話の大きなメリットは、他の人が干渉・訂正・侮辱している姿を想像する必要がないことである）。

読書は、学習における想像力を発達させるのに最高の機会である。読み手は著者と自分を同一視することができ、さらに読み書きを学ぶことができる。さらに、本の登場人物と自分を同一視し、彼らが行うことから学ぶこともできる。人生の価値を高める天職や興味を持つ理由の多くは、現実には存在しない可能性すらある、本の中で出会った人物と自分を同一視しているからである（テレビも、善かれあしかれ類似の機会を与える可能性がある）。

教育的な意図のある本の多くは、オフィシャル理論から侵入してきた発想である語彙や練習問題を含んでいる。そのような本は信用しない方がよい。読むことというのは、学びと同じように、障害物コースへと変えられることで容易になることはない。理解できる書物を読んで欲しい。これに従えば、自分を子どもの立場に置かなければならないことが時々あるかもしれない。というのも、世界の偉大な物語の多くが多言語に翻訳され、子ども用に「簡単」でわかりやすいイラスト入りの書物として出版されていることが多いからだ。外国語学習は、学ぼうとしている外国語で書かれている見慣れた物語で、できるだけわかりやすいものを読むことができれば、最も効率的に発達する。母国語で技術的概念を学ぶ時にも、大部分のイラスト入り書物が若者向けに製造されているため、同様のことが当てはまる。

12. 学校と教育の自由化

役に立たないオフィシャル理論から学校や教育を自由化するには、何が行われるべきであるかを教師の皆さんから尋ねられることがある。そのような時には、テスト、断片化した教育教材や手順、ドリル、暗記や反復練習、能力別クラス編成、強制、時間制限などの廃止も含め、たくさんの明確な提案をする。

そうすると、教師たちは誰がこのような変化を引き起こすべきなのかを尋ねる。それに対する私の答えは「教師たち」である。教師たちは、教育現場外の人間が彼らの働く環境を改善することを待っていてはならない。現在教師たちが抱えている問題は、すべて彼ら自身によって生み出されたのだ。自分たちの職業人生の管理は自分たちで行わなければならない。

では、どのようにすれば学校で起こっていることを管理し、改善することができるのだろうか。答えは簡単だ。教師たちが世界を変えればよいのだ。

そして、いったいどうすれば世界を変えられるのかと聞かれた時のために、もう一つ答えを用意している。それは、「少しずつ」である。まずは自分の教室から始めることを提案する。

世界を変える

何も、これまで学校で行われてきたすべてを捨てて、一からスタートさせる必要はない。世界は良い学校と悪い学校、良い教師と悪い教師にすっぱりと分かれているわけではない。すべての学校において、良いことも悪いことも行われているのである。教師も、修正できるようなミスをする時もあれば、嘆かわしいほどのミスをする時もある。違いはそれらの比率である。良い教師は、悪い教師に比べて「良いこと」をする比率が高い。学校に関しても、個人の教師に関しても、変化されるべきことはこの「比率」である。

とはいえ、どんな場合でも、物事が改善されるために世界が完璧である必要はない。教師がうまく教えるのに、完璧な環境は必要ない。子どもたちは、学びにおいて並はずれた適応能力を発揮し（実は大人もそうなのだが）、悪条件下でさえ成功を収めることができる。しかし、だからといって、悪条件を容認するべきではないし、「環境が改善されたとしても、教師や学習者がより良いパフォーマンスを行うわけではない」ということではない。学校でより多くの機会が提供されれば、敬意・協力・反省的思考・個人のやる気・幅広い経験・対人的なやりとりなどを学べるという意味で、生徒が学校内外でうまくやれることは間違いない。

教育改善のための3ステップの提案

時折、少しずつ世界を変えることで学校を改善するための3ステップを提案することがある。教師の立場に立って説明していくが、少し視点を変えただけで、この3ステップは保護者、生徒、そして教育機関に関与するすべての人びとにも同じことがいえる。簡単にいえば、この3ステップには理解・努力・正直さが関係している。

最初のステップは、「自己発見」または「私たちが生きる世界を理解する」などの表現がなされる。教師・保護者・生徒は一様に学校という世界を当然のものとして捉えているため、疑問に思うことは少ない傾向がある。学校のない世界を想像できないというわけではなく、単に想像することをほとんどしない。もし考えてみたとしても、「学校がなければ何ができる？」とか「どうやって生徒が学ぶのか？」といった類の発言がなされる。さらに、「学校を変えること」を思いついたとしても、学校でこれまでとはまったく違ったことをするというわけではなく、すでに存在するものをどれだけ改善するかということに務める。人びとにとって良くないものならば、なぜ学校が存在するのだろうか。学びを促進しないのなら、なぜ現在学校で行われていることをする必要があるのだろうか。子どもを相手に、差別・抑制・強制・落胆・無駄な知識を教えることを実践する人はいるだろうか。私たちは、圧迫されるものに対して疑問を抱かないことが多い。魚が水のことを何も知らないように。

教師は、間違ったことを信用し、間違ったことを非難していることが多い。例えば、生徒に義務付けた練習問題はほめたたえるが、普段教師が個人的に与える手本・励まし・サポートをほめることはない。別の言葉でいえば、正確に測定された物事だけに注意を払っているのである。これは、保護者に関しても同様で、自分たちが学校で経験してきた文法の授業や、定期的な訂正には絶大な信用を置いても、それを励ましてきた教師や子どもたちが楽しんだ本や経験を直接結果になるものとして見ていない。私たちは、学校生活において最も目に見える物事だけを覚えており、それらは必ずしも望まれた学びを実際に起こしたものではない。

教師は、生徒が教室での儀式的な活動から学ぶことができなかったことに注意を払うのに忙しすぎて、彼らが全体的な教育経験から何を学んだかを無視してしまっているかもしれない。退屈・混乱・無関心・敵意・怒り・落胆などをすべて生徒の性格のせいにし、教室内や生徒の人生で起こっているかもしれない破壊的な出来事は関係ないと考える。教師自身が行っていることの結果にはまったく気付いていないかもしれない。

では、どうすれば教師は教室内における自分自身の行動の重要性をはっきりと観察することができるのだろうか。これまでの習慣的な世界観から抜け出す要因がなければ、それが起こることないだろう。解決策は、やはり、学びは協力の結果として行われるという事実である。教師がすべきことは、他の教師や生徒の保護者、そして生徒と一緒に質問や探究をすることだ。正直で自由な質問をすると、人間の意識や理解は向上される。それは、慣習的または「正しい」答えを探すためではなく、学校活動、さらに社会的・精神的・知的活動のあらゆる側面に眠っている潜在的なパワーを呼び覚ますために自然に行っていることである。

一言でいえば、最初のステップは「教師が、自分たちがしていることの結果（何が良いことで、何が悪いことなのか）を見いだすこと」である。次のステップは、生産的なことをできるだけ多く行い、そうでないことを極力減らすことである。これは、いうのは容易だが、実行するには勇気や励ましを要することである。変化を起こそうとする教師は、すでに確立された学校の慣習や、同僚・保護者やその他学校外の人びとが持つ定着した信念に背く行動を取らなければならない。また、生徒たちも、教師が決まったやり方に従っていないと心配になり、抵抗するかもしれない。ここでもう一度いうが、教師はサポートを受け、提供する必要がある。変化の導入は協力して行われることがベストである。

それでも、生徒にとって良いことすべてを教師が提供できるわけではない。教師が生徒にとって完璧な環境をつくることは不可能であり、だからこそ最終ステップが必要になる。このステップはどんな環境下でも、すべての教育機関で、すべての生徒に対して、今すぐにでもなされうる。「教師が生徒に対して正直になること」だ。この方法こそが、学びのオフィシャル理論、ならびにそれが助長・支持する不自然なしきたりに反発し、全滅させる方法である。

多くの生徒は、「学校で起こっていることはすべて、自分たちにとって良いものに違いない」と信じ込んでいる。彼らは、学びのオフィシャル理論を吸収し、その維持を手助けしており、それはまるで災難に巻き込まれた被害者がその美徳を促進しているかのようだ。学びとは、信頼の問題である。生徒は、たとえ教師と衝突しても、学校がどんな不可解で差別的な慣習を行っていても、教師や学校を信頼している。成績の良い生徒は、これまで受けた教育的経験は、すべて自分たちにとって良いものであったと考えている者が多い。逆に、成績が思わしくない生徒は、「失敗」が彼らの力不足を反映していると信じている、またはそう促されていることが多い。

「もし生徒が何らかの活動をしておくように言われた場合、それは教師が他の作業に取り組むことができるように、生徒を忙しくさせるためだけのものである時もある」ということを知る権利が生徒にはある（これは、学校にまだ入学していない幼少の子どもたちであれば問題ない。というのも、彼らは頭を使わない活動に取り組むことが奨励されているからだ。保護者が静かにして欲しいがために子どもたちをテレビの前に置いておくのも同様である)。教師の都合により課された課題であるにもかかわらず、生徒はそれを非常に重大なことであると考えていることで、それは、こういった意味のあまりない活動において「正しい答え」や「点数」が存在する時に特に当てはまる。さらに、教師が生徒に静かにすることや動かないこと、一つの活動から別の活動へ瞬時に移ることを要求しているのは、生徒や学びのためではなく、学校という組織を恐れているからだということを生徒に正直に伝えるのである。

生徒が特定のテストを課され、学生時代の大部分がそのためにゆがめられてしまっているのは、教育現場から遠く離れた所にいる、数字しか見ない・気にしない、「数字マニア」の、官僚や政治家たちがそうしているからだという事実を生徒に伝えてもよいだろう。そして、ささいなテストでさえも、厚生労働省による「このテストは、精神的健康に危険を及ぼす可能性があります」という警告を載せるべきであるということも。前章で説明した教育の歴史が、学校を、教えること・学ぶことの両方を難しくする場所にしてしまった。教師・保護者・全世代の生徒がこの事実に気付きさえすれば、学校や教えること・学ぶことに対する考え方はより現実的で建設的なものになるであろう。

学校では教えられていないことが多い題材の一つに、「教育の社会学」がある。学校という場が、現行のような教育機関へと発展した歴史的・政治的・官僚的要因を生徒が学ぶことはほとんどない

（この批評には、大学も含めておきたい。私がこれまで出会った中で最悪の教育実践や学習環境のいくつかは、いわゆる「高等教育」において存在し、特に教員養成を行っている教育機関におけるものであった）。「学びのクラシックな観点とオフィシャルな観点の違い」の記載は、公式カリキュラムの中にはないのである。

それでも、世の中で起こっていることに対して広い視野を持つ人であれば、前述したことを理解するのはさほど難しいことではない。現に、ある小学生に言語や世界について学ぶことがどれだけ自然で流れるようなものであるのか、そして退屈さや困惑がどれだけ学びを邪魔してしまうのかについて話したことがあるが、彼らは完全に私の言っていたことを理解していた。教師にも同じことができる。生徒のことをよく理解しているため、さらに効果的に機能し、生徒は各々の経験を関連付けやすくなる。高校生に学びのオフィシャル理論について教えると、教師よりも積極的な反応を示す可能性が高い（おそらく、教師よりも自主性があり、罪がないからであろう）。

生徒に対して正直になることは、学びのオフィシャル理論の犠牲と結果を目の当たりにすることができるという意味で、教師自身にとっても助けにもなる（ここでステップ1に戻ることになる）。自己発見が一瞬にして学校の過ちのすべてを消すということはないが、その中で生き残る人びとにとって、気持ちを軽くし、トラウマになりにくくする効果はある。

言葉と考え方の変化

教師や保護者によく聞かれるのが、「もしテストがなかったら、どうやって生徒が学んでいることを確認できるのか」ということである。これは「生徒が何も学んでいない時もある」という間違った推測を基にして考えているからこそ生まれる疑問である（校長先生が、リーディングの授業で生徒が雑誌や新聞に吸い込まれるように熱中しているのを見て、「誰も勉強している者はいないのか？」と言うように）。問題は、「生徒は学んでいるのか」ではなく、「生徒が何を学んでいるのか」であるべきだ。その答えは、生徒にテストを課すことで出すことはできず、生徒が何をどのように行っているのかを見ることでわかるものだ。

できるものなら、学校について議論する方法を劇的に変えてしまうことを提案したい。まず、「学ぶこと」「教えること」という言葉自体を廃止して、代わりに「行うこと」について話す。教師は、生徒たちにスキルや教科の内容を教えていると思っているかもしれないし、生徒も自分たちは学んでいると思っているかもしれない。しかし、実際に生徒が本当に学んでいることは、まったく別のことである可能性は十分にある。クラシックの観点においてはっきりしていることが一つある。それは、「人びとは常に自分たちが行っていることから学ぶ」という理論だ。もし価値のあることをしていれば、価値のあることを学ぶ。退屈で、難しくて、不適切な活動に取り組んでいれば、退屈で、難しくて、不適切なことを学ぶ。もし無力さや怒りを感じていれば、無力さと怒りを学んでいるのである。

カリキュラムの立案者が、「生徒が学ぶべきことは、敬意、自発性、積極性、重要な見解である」という考えを持ち、教師が教えるべき「教科」をリストアップするのは、どうしようもないほど楽観的で非現実的な行為である。そうではなく、「生徒は敬意、自発性、積極性、重要な見解などを、身を持って経験すべきである」と論じれば、その主張はより明確となり、成功する確率も高くなるであろう。

何かを読んでいれば、誰でも「読むこと」をより学んでおり、数学・歴史・ガーデニング・スキューバダイビングなどに熱中していれば、分野にかかわらず、誰もがそれらの分野や活動についてこれまでより深く学んでいるのである。「教えること」と「学ぶこと」だけに焦点を当ててしまうと、オフィシャル理論の観点から、指導の機械的な側面だけに注目しがちで、肝心な生徒の顔や態度・行動が伝えているメッセージを見逃してしまう。

保護者が、子どもたちが学校の外で行うことに対して非常に敏感であるのは、すべての環境から子どもが学ぶこと（クラシックの観点）を知っているからである。学びのオフィシャル理論における「盲目さ」だけが、人びとに「もしテストがなかったら、どうやって生徒が学校で学んでいるかどうかを判断するのか」という疑問を抱かせるのである。

人びとの考えを変える

教師や管理職員によっては、厳格に構造化された教室の反対に当たるものは「混沌」だと考えている人がいる。学びのオフィシャル理論による厳しさや管理の反対は、「生徒が好き放題なことをして何も学ばないこと」であると思い込んでいるのだ。

しかし、この考え方は間違っている。何も、教師は生徒が学ぶべきことにおけるすべての責任を放棄すべきだと提案しているわけではない。むしろ、クラシックな観点では、「教師の行動や考え方で、生徒が何を学び、考え、感じるかが決定する」とまで断定しており、教師の責任を重大なものであると考える。和やかな管理環境が生み出す結果は「混沌」であると疑う人びとは間違っている。なぜなら、生徒は教師と同じように、より多くの責任を与えられるほど責任を示すからである。取り組んでいる課題をより真剣に受け止め、責任がない時のものとは比べ物にならないほどの満足感を経験する。「クラスが一致団結しており、生徒の興味をそそる活動があれば、彼らの人生は、難しいものではなく、より楽しいものになる」と教師たちは言う。燃え尽きてしまった教師たちは皆、クラスで起こっていることをすべて管理しようとした教師である。生徒たちは、説得されることを必要としていない。彼らが必要としているのは、安心感である。

教師たちがよく言うのが、「もし周りの人びとからの協力を得ることができれば、世界を変えることができる可能性もより高くなる。特に校長、そして同じ学校の教師たち、また生徒の保護者たちからもサポートを得ることができれば……」といった内容のことだ。もっと熱心な教師であれば、上記に挙げた人びとの考え方を変えたいとまで思うかもしれない。このような理論を信じない人びとと議論し、証拠書類などを見せ、なぜ人びとの慣習や考え方を変えることがこんなにも難しいものなのかと悩むかもしれない。

かつて、私は「問題は、学びのオフィシャル理論による影響からの無知にあり、唯一の解決策は教師が真の意味での責任を持って行う教育である」と主張していた。むしろ、生徒たちの学びは自発的に自然と行われるものであるため、教師が教室の外部の人びと（同僚の教師たち、校長、保護者など）に教えることの方が重要であるかもしれないと述べた。

今でもなおこの理論は正しいと信じているが、最近の教師や管理職は、指導における代替アプローチというもの、つまり（たいてい誤解を招くような呼び方ではあるが）「ホール・ランゲージ」「プロセス・ライティング」「子ども（生徒）中心の学び」「進歩主義教育」などと呼ばれる方法を、聞いたことすらない者が多い（アプローチに名前のラベルが貼られると、単純化、誤解、困惑を導くことが多い。これによって、そのラベルによって暗示されている方法を実行することで、そのアプローチを正しく実行していると思い込んでしまう教師が多い）。教師や管理職の考え方や方法を変えることが難しいのは、彼らが無知であるからではなく、不安であるからである。今持っている権力を放り投げて独立を宣言してしまうと、自分たちの世界が崩壊してしまうと恐れているのである。

管理職から言わせれば、一般教員よりも失うものは多いかもしれない。管理職が権力を示すことができる唯一の方法は、膨大な数の「数字」を要求することである。そのため、「管理を緩和することによって非常に危険なリスクを負っているのではないか」という疑問を解消するために、さらに多くの「数字」などによる保証を必要とするかもしれない。

一般教員に対しても、管理職に対しても、解決策は同じである。それは、彼らを自由な教育環境へと招き、観察者ではなく参加者にさせることだ。議論しても、ある位置に到達すると、自分の意見に固執するばかりで何も進まなくなる。書面による提出となると、さらに過酷な運命が待ち受けている。ファイルに閉じられて忘れ去られてしまうか、委員会の世界の中にすっかり埋もれてしまうのがオチだろう。一方で、実際に自分が参加した活動を無視することは、人間にとって難しいことである。反対派の人びとも、他の人より少し時間はかかっても、参加することから学ぶことができるであろう。

保護者にとっても、同様のことが当てはまる。ＰＴＡ会議という話し合いの場において、または生徒の保護者を空っぽの教室へ招き入れて子どもたちの課題や作品を見せることによって、教師が生徒の保護者を納得・安心させることは不可能に近い。子どもたちの学びは成績で測定することができると信じ込んでいる保護者にはまず教育が必要なのだが、結局最後に彼らを納得させることがることである。

できるのは、子どもたちが何をすることができるのか、実際に行っている間にそれを自身の目で見

不完全な社会での教育

もちろん、すべての人びとを説得できるわけではない。教師や生徒に「完璧な世界」をもたらすことなど誰も約束できない。

再教育を要する教師も出てくるであろう。別の教師と入れ替わる必要のある教師もいるはずだ。ただし、これらのことは同僚（つまり他の教師たち）によって行われるのが理想的である。特定の方法で教育を行うことを教師たちに強制しても、何も良いことはない。それは、まさしくオフィシャル理論のやり方である。教師たちは、自由化された教育環境の中で自分たちがどのように機能するのかを理解しなくてはならない。多くの教師が望んでいる（または必要な）ものは、権力と称賛だけであるかもしれない。しかし、このような教師たちこそが、他の教師たちを変えるのに大きく貢献することができる教師たちである。

「クラスをオフィシャル理論から解放し、自由化するのは不安だ」と言う教師と話す時はいつも、「管理職や保護者に、教師が見ている世界を見てもらえるように引き入れてみてはどうか」と提案する。もしそれでもうまくいかなければ、管理職や保護者の助けは借りずに計画を敢行することを

勧める。教師の責任は、上司や保護者ではなく、生徒に対するものであるからだ。

これは教師にとっては無茶なアドバイスに聞こえるかもしれないが、以下の別の側面も十分に検討しなければならない。時々、学びにおけるクラシックな観点の価値とオフィシャル理論の不十分さをすでに理解している管理職や保護者に出くわすことがある。そして彼らは、「問題は教師が厳格に計画された教室や感情のない機械的なコントロールを要求し、変化を生み出そうとしていないことにある」と考えている。

このような場合には、私の意見も変わってくる。教師を変えるのは管理職や保護者であり、それを達成するには、これまでもいってきたように「対立することではなく、協力し合うこと」が重要である。しかしそれがうまくいかなければ、教師には、関与せずとも変化を生み出す努力をすることを考慮してみて欲しい。

保護者の立場であれば、校長や理事、その他の管理職、そして政治家たちに圧力をかけることで、うまく教師を囲い込むことができるかもしれない。レベルの高い学校であるほど、教師よりも保護者の言うことを重視する傾向がある。

ここで、衝突が起こる可能性があることは認める。無慈悲な保護者や管理職を避けるよう努めている教師たちと、妨害的な教師を避けて通ろうとする保護者や管理職が存在するのは事実である。賢さにも無知にも独占権はない。しかし、学びのクラシックな観点において、一番の敵は「消極性」であり、弁証することには何の問題もない。

　私は、「十分に実証され、思案されさえすれば、クラシックな観点は普及する」と信じている。クラシックな観点は、時代遅れでも廃れたものでもない。オフィシャル理論における厳格で上品な神話とは比べものにならないほど、現代社会の学びにおける課題を見据えている観点である。

「とはいえ、教師もまったく無力であるわけではないだろう」という反論が出てくるかもしれない。教室のドアを閉め切り、自分が知っている限り生徒に適切である方法で教育を行うことはできないのだろうか。その通りのことを実際に行っている教師たちはたくさんいる。現場外のどんな権力者よりも理解が深く（その事実をわかっていて）、過度な学びのオフィシャル理論から自身と生徒たちを守るために精一杯努力する。このような教師たちは、後に確実に結果を得ることになる。

　それでも、「そのような教師や生徒であれば、全体的な教育環境に影響されることはまったくない」と断言することは、「健康志向の人は、汚染された水の中でも安全に泳ぐことができる」と言っているようなものである。学びのオフィシャル理論による受動喫煙から逃れることができる人はいない。そして、その汚染はあまりにもまん延しすぎて、汚染の雲が忘れ去られた街を覆ってしまっているかのように、教師たちもその存在を疑うことすらないのが事実である。とにかく、疑問に思うことがない。むしろ、共に進んでいる。善意と職業に対する情熱を持って、彼ら自身をもむしばんでしまうシステムを繁栄させる手助けをしている。

未来を担う生徒たちが、保証のない信頼や敬意を持たないようにするためにも、学びのオフィシャル理論は、通説として明確にされる必要がある。

よくある反論（最終版）

① 生徒が好まない科目、教材、テストの代わりに何をすればよいのですか？　教師は何もせずに生徒が怠けるのを見ているだけでよいのですか？

クラシックの観点を尊重して教育が行われていれば、教師も生徒も「何もしていない」ということはありません。「教師が自然な環境の中で好むことは教えることではなく、同様の環境で生徒が好むことは学ぶことではない」というような異議の根底には、人間の生まれつきの「嫌悪」に関する理論が眠っているようです。しかし、教えることや学ぶことは、人間が生まれつき避けたい「嫌悪活動」ではありません。嫌悪感を抱かせるものは、理にかなった教えや学びを邪魔する学校での「作業」なのです。

もし、無意味で時間を無駄にするようなコースやドリル、テストなどが取り去られれば、継続的で価値のある学びを助長するような活動を進めることが可能であり、それによって興味深くて満足できるような人生がどんなものであるか、そしてそれらは誰でも手に入れることができるものだということを実際に示すことができます。また、教師は生徒たちがクラス内外にかかわらず多くを学ぶことができる人物と常に接触できるよう行動することもできます。

前述したようなことが、すべてどこからともなく起こるとはいっていません。そのように、興味深く、生産的な活動に生徒が常に取り組めるような環境をつくることこそが教師の責任なのです。学校という場は、生徒が（ついでにいってしまえば、さらに生徒以外のすべての人びとが）外の世界において価値があることを学ぶ機会を探すことができる場であるべきなのです（「教える」ことではなく「行動する」ことに焦点を置いて）。それが、学校という場の本質です。生徒から経験をはく奪することではなく、豊富な機会を与えることが目的であるべきなのです。教育方法や教材、そして生徒とまったくかかわりを持たない人びとが定めた「目標」などがなければ仕事をすることができない教師は、間違った職業に就いているといってもよく、教師よりは技術者の方が向いているかもしれません。たとえ正式な「教育」に関する教育を受けたことがない人でも、教えることができる人は多くいます。生徒が夢中になれて、満足感を得ることができるような活動への献身を実際に示すことができ、自身よりも経験が少ない子どもたちと一緒に活動に熱中できる忍耐強さと感受性を持っていれば大丈夫です。

② あなたは生徒の分離に関して批判していますが、それでは障害を持つ生徒や物覚えが悪い生徒

たちは通常の教室に放り込まれることになります。それは、皆にとって不平等ではないでしょうか？

皆にとって不平等なことは、「能力によって生徒を分離すること」です。障害を持っていない生徒たちは、障害を持った生徒たちと共に生きるということを学ぶことなく生きていき、障害を持った生徒たちは、彼らほど不自由でない人びとと共に生きる機会を失ってしまいます。私たちは、常に学んでいるのです。除外や分離といったシステムから生徒が学ぶのは、除外や分離という考え方やその方法だけです。

もちろん、規定された指導プログラムに則って授業を進め、何の興味も持たない生徒たち全員に対して責任を持つ孤立した個人として職を務めている教師にとっては、上記のような生徒たちを完全に統合することは難しいかもしれません。しかし、たった一人の教師がそのような立場にいるべきではありません。障害を持った（または特別な）子どもたちと共に勉強をする「専門家」またはアシスタントたちは、他のすべての人びとと一緒の教室にいるべきなのです。生徒に対する教師の割合は、ここでは問題ではありません。時空間の壁や授業計画は、全員が学校を一つのコミュニティとして作り上げることに参加できるように柔軟なものでなければなりません。そして、そのコミュニティでは、全員が同じ機会や責任を分け合い、誰かが他の人よりも権力を持つということがあってはなりません。

異なる精神的・身体的・文化的能力を持つ生徒たちにうまく対処できない教室は、そのような違いに敬意を示さない社会の縮図のようなものです。その責任はクラスや学校にあり、俗にいう「適応できない生徒」のせいではありません。そして、解決策は、学校や考え方の根底を変えることにあり、差別的で非民主的な官僚的手続きを通して、難しい問題をさらに難しくしてしまうことではありません。何らかの形で異なる生徒を他の生徒から分離することは、人間の本質や、教えることや学ぶことの本質によって必要とされているわけではなく、学びのオフィシャル理論の愚かさや薄情さによって必要とされているのです。

③ 教師の能力が至らない場合はどうなのですか？　彼ら自身が手に負えなくなる可能性もあるのでは？

たしかに、間違った人材が教師になってしまっているケースもあります。教員養成課程の一番の欠陥は、「経験を通して教育について学ばせる」ということをしないことで、実際に経験を積むまでに教師の卵たちは莫大な時間、お金、努力を費やしてしまいます。もし教師たちが経験から学ぶことを許されれば、つまり、教師と学習者が存在するコミュニティに実習生として加わることができれば、その中で「外部からの指導や厳粛な規制がなければ自分はやっていけない」と気付き、「教師クラブに入るべきではないのかもしれない」と決断する機会になるでしょう。

また、管理職にはなるべきでないのに管理職になっている人も多いのが現状です。中でも特に、教えることがあまり好きではないことに気付くのが遅すぎて、その職から抜け出すよりは少しずつでも出世した方がましだろうと思っているような人びとがそれに当てはまります。

スキルの低い教師たちの再教育・入れ替えは、すべての教師にとって平等に課されるべき責任です。そして、それは保護者や管理・監修者たちの（命令ではなく）助けを得ながらなされるべきことです。反対意見があっても、たいてい当てにならないことを前提にしたものです。外部からの規制や詳細化された過程、二四時間の監視などがスキルの低い教師たちを磨けるわけがありません。

④ それでも、やっぱりテストや資格は必要ですよね？　あなたなら、何の資格も持っていない医者に手術してもらいたいですか？

基本的に、特定の職業に就く資格や大学入学のためにテストを行うことに関して間違ったことはありません。しかし、これらの試験もたいてい公平さや適応性というよりは、管理や採点を円滑にすることを目的としているケースが多いのです。

といっても、特定の職業に就くことや大学に入学することを選ぶのはその人次第です。入学試験を受けるのが「義務」であるという権利は誰にもありません。しかし、子どもや若者たちは、学校に通うこと以外に選択肢はなく、常に課されるテストは、彼らが特定の職業に就くために作成されたものではなく、彼らを規制し、日々の経験を操作するためのものです。

学校で行われる「競争」や日常と化している「テスト」は、生徒たちが将来直面する可能性がある競争率の高い試験に向けて作られたものであるという議論は、議論になりません。そのような場面に出くわさない生徒もたくさんいます。とにかく、競争や不安、そして「自分は重要でない」という気持ちを常に経験することによって、将来の試験や逆境に耐える力をつけることは不可能です。突然の飢餓に強いのは、それまで十分な栄養を得た人であり、人生の大部分において空腹でばかりいた人ではありません。さらに、学校の外での人生が、学校内ほど競争であふれていて、驚くほど困難であることはまれです。

⑤　理想的な学校像はどのようなものですか?

これはよくある質問なのですが、この「理想的な学校像」が実際に可能なもの、必要なものであるかは疑問です。価値のある学校に、公式は存在しません。学びのオフィシャル理論から解放された学校において重要なのは、「統一されない」ことなのです。そのため、それぞれの学校がそれぞれの顔を持っているでしょう。

どんな学校であれ、自由化された学校の本質は、「コミュニティであること」です。校長、教師、アシスタント教師、そして生徒といった階層社会ではなく、おもしろい活動に取り組むために人びとが集まる場所であるべきなのです。教師や生徒、そして学校にいるすべての人びとが、共同の活動や構想を行ううえでの「パートナー」になります。教師の数も（より経験があり、高報酬な教師で）、さらにアシスタントや実習生も多い方がよいでしょう。

また、自由化された学校に共通の「存在しないもの」があります。意味のない課題、処罰的なテスト、差別、分離、無駄な競争、生徒へのラベル付け、制限的な時間割、教師・生徒に対する公的・私的な屈辱などが当てはまります。

しかし、その他のことは自由化された学校に共通のものです。おもしろそうな活動に取り組む機会が誰にでも平等に存在します。人類学から動物学まで、さまざまな活動の中から選ぶことができるでしょう。自分の興味のある分野を実際に追究している人や、興味を持っている活動に取り組むのをサポートしてくれる「人びと」が周りにいるでしょう。特定の興味や才能を持った人には、最高レベルでの参加ができる環境が整っているでしょう。言い換えれば、「多くのクラブが存在する学校」です。もちろん、すべての学校がまったく同じことを試みることはまれです。それぞれの学校が、自分たちにとってベストな方法を選びます。個人がさまざまであるように、学校もさまざまなのです。

私自身は、理想的な学校を見たことはありません。しかし、管理職たちが物事をきちんと理解し、情熱を持って「自由化された学校で自由化された教育を行うこと」を促進している学校は多く見てきました。これまでも強調してきたように、学びのオフィシャル理論による狭い価値観や破壊的な干渉から逃れることができるほど、良い教師が増えます。明らかかもしれませんが、教師たちがすべての核なのです。それも、給与支払を受けている公式の教師たちだけではなく、その人から何かを学ぶことができるような人も含めて。それでも、公式の教師たちが主要な責任を持っているといってよいでしょう。なぜなら、生徒たちの発見・コミュニケーション・協力などが行われ得る環境を常につくるようにするのは彼らだからです。つまり、彼らの責任は「組織化」なのです。縦の関係である階級的組織ではなく、外の世界に手を伸ばすコミュニティの組織化です。

これまでに私が見てきた「良い教師」たちは、皆が良いオーガナイザーで、生徒や自分たちのために興味をひくような活動を準備し、余計なお世話な外部からの干渉がないように生徒たちを守っていました。

良いオーガナイザーが、世界で不足しているということはありません。しかし、彼らのほとんどが官僚にまではならないのはなぜでしょうか。ここで私がいっているのは、マネジメントスキルやリーダーシップ、モチベーションなどに関する資格を持った人のことをいっているのではなく、創造的・生産的な方法を用いながら、興味をひくような可能性を起こすことのできる才能と決意を持った人びとのことをいっているのです。

教師たちの多くは良いオーガナイザーですが、すべてにおいて完璧であるわけではありません。それは、音楽、演劇、バレー、スポーツなどの分野、そして病院や医局、旅行会社、タクシー会社、子育てなどのすべてのクラブにおいても同じでしょう。素晴らしいリーダーがそうであるように、素晴らしいオーガナイザーも、必ずしも仕事の役割がプランニング、予算考案、他の人びとに命令をするなどを含むポジションから見つけることができるわけではありません。リーダーやオーガナイザーというのは、どこからでも現れる可能性があるのです。

例えば、素晴らしい会議をオーガナイズすることができる才能や情熱を持っている人がいます。これについて述べたのは、この話から引き出したいことがあるからです。

私自身、毎年たくさんのプロフェッショナルな会議へ行きます。中には、非常におもしろいものもあり、そうでないものもあります。良い会議というのは、以下のようにオーガナイズされています。

まず、常に多くのことが一度に起こっています。演説をしている人、ディスプレイ、ディスカッション、話の脱線、文化的催しなどです。さらに、抜け出すこと、休憩をとること、考え込むこと、会話すること、読むこと、書くことなどがいつでも起こりうる自由な環境があります。そして、片隅に静かな場所があり、運動のための設備があり、飲食ができる場所やトイレが周りにあり、強制や評価がまったくない自己表現や社会的な表現が存在します。すべての統制はクラシックな観点に任せられており、オフィシャル理論の儀式のことが頭をよぎることすらありません。言い換えれば、それぞれの参加者にとって異なる意味を持っていながらも、皆にとって実りがあって満足感を得ることができる「文明的な経験」ともいえるかもしれません。

これが、自由化された学校のイメージです。

あとがき

「感じる力は体験が育む。他者とかかわる体験が学びにつながる。」

佐野勝徳（二〇〇八年八月十九日）

これは恩師が述べたものであり、今まさに、学校現場に届けたいメッセージである。今日の学校現場を内側から徹底的に見ていくと、「感じる力」および「他者とかかわる体験」がほぼ消滅していることは一目瞭然である。

生徒全員が並んで、黒板に向きながら、教科書やノートを見ている教室を想像してみると、「感じる力」が育めないことは理解をいただけるだろう。生徒たちは「覚えられないからバカ」または、「勉強はつまんない」などと感じ、テストの点数や順位しか気にしない。親子のみならず教師までもが、真の学びからかけ離れたこの不健康な競争こそが「学び」であると勘違いしている。毎回のテストの結果に一喜一憂し、この競争が子どもたちにどのような影響を与えるのかを多くの教師は知らない。この不健康な競争の体験を学校現場から離さないと「感じる力」を育むことは不可能である。

さらに、「ちゃんとしないと、ぶっ飛ばすぞ！」のような言葉を生徒に使う教師や部活の顧問を見かけることがよくある。これは、「教師は怖い」「自分はバカである」「自分はできない」という気持ちを生徒の中に育んでいる。このような不健康な人間関係を学校現場から払拭しないと、「感じる力」が育まれない。

また、集団行動が中心の学校現場では「他者とかかわる体験」はあるように思われがちだが、深く掘ると実は中身は空っぽであることが多い。例えば、授業では教師の説明を一方的に聞き、板書を何も考えないまま写すのみで、他者とかかわっているとは言い難い。これに対して、「部活、行事、週末は他者とのかかわりが十分にあるはず」という反論があるかもしれないが、そこには例えばテストという障害が立ちはだかる。「テストが近いから部活は休み」「テストが近いから遊べない」。また、部活や行事においても、生徒は教師の指示に従って動くだけであって、本当に「他者とかかわる」ことによって生まれる喜怒哀楽が存在するとは思えない。ただでさえ引きこもりや不登校が増え、子どもたちは家族や友達と外遊びをしなくなってきている中で、唯一の「他者とかかわる」場であるはずの学校がその時間を減らしているのでは、元も子もない。

世の中は凄まじい変化を遂げているにもかかわらず、学校現場だけがまったく変わっていない。一昔前は知識や情報が限られていて、学校で先生からその知識を伝達するのは、当然であったかもしれない。ただ、今日は、知識や情報は誰にでも容易に手に入る。学校現場または学校現場の管理運営を行っている担当者もそろそろ、子どもにとって将来役に立つ能力、たとえば、ヒューマンスキルを養う学校に変え、「他者とかかわる体験」から真の学びにつなげられる学校に変えなければならない。

学校関係者だけではなく、一般的には、若者に対する文句は終わりを知らず、コミュニケーション力がないと批判を受けている若者は多い。しかし、大人は真に子どもが言いたいことを聞いていない。最近、テレビCMでもよく流れている、「子どもは大人を見て育つ」というメッセージは、大人に届いていない。一般市民の意識改革とサポートなしに、学校現場は変わらない。学校現場が変わらなければ、社会は変わらない。

井戸端会議を聞いても、三者面談の話でも、話題の中心になっているのは、試験の点数や偏差値が主である。今の社会では、例えば、クイズ番組で多く正解をした人が称えられているが、「知識人＝素晴らしい」とされている今の現状に疑問を感じる。知識は時間が経てば色褪せる。今の世の中、たとえ医師や弁護士であっても、学習する意欲やヒューマン・スキルがなければ、多くの人を救うことはできないだろう。大・中・小企業も知識人、つまり、すべての正解を知っている人を求めていない。求めているのは、必要なときに調べたいものを調べられる人材、チームで話し合いをしながら正解を見いだすことができる人材である。学校現場もこのような「感じる力」「他者とかかわる体験」を通し、真の学びにつなげていかなければいけない。

テレビでクイズ番組の人気がなくなるくらい、また、「知識人は優れている、知らないのはバカ」という考えを意識から抹消するくらいに意識改革を進めなければならない。確かに、方向性を変えれば、塾、出版者、能力試験の必要性が問われる。ただし一方では新しい職業や必要なものも見いだされるだろう。例えば、大学入試でポテンシャルをも計る試験開発ならびに、関連のテキストの必要性も出てくるだろう。資格社会は消えないかも知れないが、知識だけを計る検定だけではなく、少しずつ普及しているコミュニケーション検定などが増加するなど、内容が変わるであろう。

中には、「感じる力」を生徒に育ませ、「他者とかかわる体験」をさせようと実践している学校や教師も存在するのだが、外からのプレッシャー、例えば、親や塾からの別の情報により、子どもたちは混乱している。幸いにも、学校現場で子どもを救えるチャンスはまだ残っていると思う。本書でスミス氏が今の学校現場に必要なものは人びとのコミュニティでの相互作用であると雄弁に議論を立てていた。これは新しいものを作り出さなくても、もともと人間が生得的に持っている学びの力を潰さないように細心の注意をはらい、子どもの学びの環境を変えなければならないということであろう。

子どもたちをどのように学習させるかではなく、どのような環境を提供するのかを考えなければならない。本書が子どもたちの役に立てばという思いと、学校現場により子どもの「感じる力」を養うことのでき、「他者とかかわる」ことのできる環境を作れたらという思いを込めて、本書の翻訳に勤めた。

二〇一二年二月

福田　スティーブ利久

【著者紹介】

フランク・スミス（Frank Smith）
イギリス生まれ、現在、カナダ南西部、ブリティッシュコロンビア州バンクーバー島在住。西オーストラリア大学卒業、ハーバード大学で心理言語学博士号取得後、トロント大学（カナダ）Ontario Institute for Studies in Education教授12年間を経て、ビクトリア大学（カナダ）Lansdowne教授。その間、数多くの短編小説、詩、小説のほか、教育学・言語学に関する書籍を20冊以上執筆。2009年に米国英語教育学教師評議会のJames T. Squire賞を受賞。
〈主な著書〉
『Understanding Reading』（Lawrence Erlbaum Associates, 1971），『Insult to Intelligence』（Heinemann, 1986），『to think』（Teachers College Press, 1991），『Reading Without Nonsense』（Teachers College Press, 2005），『Ourselves』（Lawrence Erlbaum Associates, 2006），『Reading: FAQ』（Teachers College Press, 2007）

【監訳者紹介】

福田スティーブ利久（ふくだ・すてぃーぶとしひさ）
神奈川県横須賀市米軍基地生まれ。長崎ウエスレヤン大学卒業、愛媛大学大学院教育研究科修了後、米国Walden大学大学院教育博士課程在学中。長崎県鎮西学院高等学校英語教諭、愛媛大学英語教育センター非常勤講師、徳島大学全学共通教育センター助教などを経て、現在、徳島大学大学院ソシオ・アーツ・アンド・サイエンス研究部講師。専攻は、英語教育学（シラバス・デザイン、自律学習、英語教育教授法）。

橋本直実（はしもと・なおみ）
徳島県徳島市生まれ。徳島大学総合科学部自然システム学科卒業後、徳島県内の中学校に英語教諭として勤務。

【翻訳者紹介】

澤部涼子（さわべ・りょうこ）
長崎県諫早市生まれ。徳島大学総合科学部人間社会学科卒業後、フリーランスの通訳者・翻訳者として活動。英国リーズ大学大学院通訳・翻訳修士課程在学中。

なぜ、学んだものをすぐに忘れるのだろう？
―「学び」と「忘れ」の法則―

2012年4月20日　初版第1刷発行

■著　　者―― フランク・スミス
■監 訳 者―― 福田スティーブ利久・橋本直実
■翻 訳 者―― 澤部涼子
■発 行 者―― 佐藤　守
■発 行 所―― 株式会社 大学教育出版
〒700-0953　岡山市南区西市855-4
電話 (086) 244-1268(代)　FAX (086) 246-0294
■印刷製本―― サンコー印刷(株)

Original title: THE BOOK OF LEARNING AND FORGETTING
Author: FRANK SMITH

ISBN978-4-86429-100-2